中国美术馆创作与研究丛书

吴为山 主编

美术馆藏品长期陈列研究

任哲 著

National Art Museum of China Creation and Research Series

Research of Art Museum Collection Exhibition

知识产权出版社
全国百佳图书出版单位
—北京—

中国美术馆创作与评论指导委员会

总序

中国美术馆的同仁们“以美为伴”，既是公共文化事业的践行者，也是艺术创作、研究领域的筑梦人。

中国美术馆建馆60周年之际，习近平总书记在给中国美术馆的老专家老艺术家的回信中指出：“中国美术馆有力见证了新中国美术事业的蓬勃发展，在典藏精品、展览展示、公共教育、对外交流等方面守正创新，取得了积极成效。”

新征程上，中国美术馆坚持以人民为中心，在高质量收藏、高水平利用、高质量服务上下功夫。中国美术馆人在日常的展览策划、学术研究、艺术传媒推广之余，借由艺术形象和文字表达着所思、所想、所感、所悟，为工作“充电”，做“美的伙伴”“美的同道”。

2021年，中国美术馆创作与评论指导委员会正式成立，并制定章程，开展系列活动，推动创作与研究。策划《中国美术馆创作与研究丛书》，向馆内外专家学者征集稿件，为美术创作与学术研究搭建一座长久稳固的桥梁，是推动中国美术馆事业高质量发展的内在要求。在此基础上，我们还把馆内专家的研究成果进行多种转化，适应网络时代的“典藏活化”要求。其中，业已出版的《中国美术馆人话馆藏》汇集了中国美术馆90位同仁的研究成果，介绍260件美术经典，备受文化界和出版界好评，出版一年后再版。

这套丛书，记录着中国美术馆发展的足迹，见证了美术馆同仁们长期的默默耕耘和对美术馆事业的挚爱与执着。丛书还收录馆内外专家个人专著多种，包括中外美术史、美术理论、美术评论、美术馆学等研究成果，与读者分享他们的美术创作与研究感悟，拉近中国美术馆与艺术家、观众的距离，建立更加密切的艺术交流和互动。

是为序。

民盟中央副主席
中国美术馆馆长　　吴为山
中国美术家协会副主席

目　录

绪论

步入新时代，美术馆在文化强国建设中的重要性日益彰显，逐渐形成了一场在全社会范围内对未来美术馆发展的持续的关注与讨论。来自政府和民间支持的场馆建设与原有硬件升级的新浪潮为这一时期的美术馆发展提供了重要的历史机遇。而关于如何完善和建构美术馆的藏品长期陈列体系，加强藏品的保护、研究和展示无疑成为最受关注的话题之一。

藏品是一个美术馆的立馆之本，对藏品进行研究、展示、教育是美术馆的基本职能。其中，藏品长期陈列是一个非常重要的环节，因为藏品长期陈列的展览不同于其他类型的展览，它决定了一个美术馆的基调，定位了美术馆的高度，诠释了美术馆的角色，并且是美术馆为公众提供艺术教育和研究资源的主要方式，因此它在美术馆的展览构架中占有举足轻重的地位。对于参观者来说，一个美术馆的藏品长期陈列展是了解和认识一个国家、一座城市的艺术的最好途径；而对于专业的研究者来说，一个美术馆的藏品长期陈列展更是具有无可替代的研究价值。

所以，世界各大美术馆对于藏品长期陈列展都会动用最大限度的资源来呈现，包括投入足够多的专业人员、时间以及资金等。尤其是在欧美的主要美术馆，他们的长期陈列展览具有悠久的历史和传统，可以说，从美术馆诞生那一刻起，藏品的长期陈列展览就已经开始发挥效能，并且在之后的几百年的时间里，与现代美术馆的转型、艺术史的发展、哲学和社会学的演进共同发生并相互影响。从以“藏品”为中心到以“观众”为中心的转变，从对“可见艺术史”的叙述到打破严格的时间顺序的陈列方式，一种不断发展和革新的力量带动着这种展览方式和观念发生着潜移默化的改变。

中国的美术馆在过去十年的时间内，取得了巨大的发展，这一点从数据上便可见一斑，根据《中华人民共和国文化和旅游部 2021 年文化和旅游发展统计公报》，截至 2021 年末，全国共有美术馆 682 个，比上年末增加 64 个，从业人员 6249 人，增加 782 人。全年共举办展览 7526 次，比上年增长 25.7%，参观人次 3515.84 万，增长 60.8%。与此同时，全国各地的公共和私人美术馆也正在兴建，可以预见这个数字在未来几年还将以较快的速度增长。每年一届“全国美术馆馆藏精品展出季”的成功举办和“全国美术馆藏品普查”工作的顺利完成，标志着美术馆在软件和制度建设方面取得了显著的成绩。在展览方面，中国美术馆“典藏活化”系列展和来自社会其他重要的美术馆推出的以本馆藏品为主的各种品牌性藏品展览的陆续举办，美术馆对藏品陈列展览投入了普遍的关注与重视，这一切也共同释放出一个明确的信息：美术馆的藏品长期陈列体系的建构与完善将会成为接下来中国的美术馆发展的一个重要课题。

应当说，目前国内针对美术馆学所展开的相关研究成果颇丰，研究的内容涉及美术馆发展的各个方面，如曹意强教授主编的《美术博物馆学导论》，作为普通高等教育国家级重点教材，简述了美术博物馆的特性、组织、制度与功能，系统梳理了其发展历史，并且论述了美术博物馆与其他类型博物馆的关系；

李军教授著的《可视的艺术史——从教堂到博物馆》作为一部近年来重要的艺术史著作，研究中涉及博物馆学、图像学、跨文化研究多个领域，是从世界艺术史的视角进行的一次理论的重新建构。毫无疑问，这些著作以及相关论文为中国的美术馆学的建设与发展起到了积极的推动作用。同时我们也可以看到，在国内现有的相关出版书籍和论文中，虽有涉及美术馆展览陈列和美术馆藏品的相关问题，但是大多论著都将其作为其中一个章节来阐释，并未以专题形式展开相应的深入比较研究。在仅有的几篇以国内美术馆藏品长期陈列研究为主题的相关论文中，也基本上以对国内美术馆藏品展览陈列的历史发展的介绍以及与美术史的关系比较为主，并未系统归纳和整理当下全球范围内重要美术馆及其藏品长期陈列的特点及其生成逻辑，对一个成功的美术馆藏品长期陈列应该具备哪些要素和条件等核心问题进行探讨。

相比之下国外对这一课题的研究开展要更早一些，涉及此内容的著作主要有：大卫·卡里尔（David Carrier）的《博物馆怀疑论：公共美术馆中的艺术展览史》，布鲁斯·阿尔什那（Bruce Altshuler）的《展览中的前卫》，南希·艾因瑞恩胡弗（Nancy Einreinhofer）的《美国艺术博物馆》，珍妮特·马斯汀（Janet Marstine）的《新博物馆理论与实践导论》等，这些著作为美术馆的藏品长期陈列研究提供了许多新的启示，内容丰富，具有很好的借鉴与参考意义。但客观地来看，由于中国的美术馆发展现状与欧美的美术馆存在着不小的差异，所以以上的著作并非完全适用于当今中国的美术馆。在此背景之下，本书将重点对国际上主要美术馆的藏品长期陈列方式演进及相关理论进行介绍、分析和研究。同时尝试整理归纳当前美术馆藏品长期陈列所呈现出的新的特点及其生成逻辑。

为此，本书在第一部分首先聚焦美术馆藏品长期陈列的基本概念与定义，继而阐释长期陈列展的主要特点以及与其他类型的展览之间的区别；进而对国际上主要美术馆的藏品长期陈列在美术馆空间中所占比重进行比较分析，从数据上直观地呈现藏品长期陈列在美术馆展览中所占的重要地位。

第二部分采用“描述性研究法”，并借鉴图像学、社会学、美术学、文献学、统计学等相关方法，对国际上主要的美术馆藏品长期陈列的方式和发展的历史以及相关理论的演进进行了描述和比较。丰富的材料和文献资料的整理是这一部分的重要内容。通过对法国、意大利、美国、西班牙、俄罗斯、奥地利等国的 17 个世界重要美术馆的藏品长期陈列方式、图像和文本资料等重要文献的发掘整理，从文献、数据、图像上直观地呈现藏品长期陈列在美术馆历史发展中重要的意义和地位。进而对国外著名的美术馆藏品长期陈列展进行细致的分类、比较和研究，从中呈现出具有代表性的不同的美术馆是如何为公众设计本馆的藏品长期陈列的，并且通过对美术馆和藏品陈列方式的历史演变的分析，阐释艺术品意义及其与公众、美术馆之间关系的变化，从而系统全面地说明一个成功的美术馆藏品长期陈列应该如何策划与实现。

文中对所研究的美术馆均以模块式的比较研究方法，分别从“美术馆定位及藏品构成”“引证重要论述”“陈列方式分析”“关键人物”“陈列比重研究”五个方面进行分析。

第三部分重点对当今世界范围内重要美术馆藏品长期陈列方式所呈现出的新特点进行了归纳。

第四部分尝试总结影响现代美术馆藏品长期陈列发展的各种现实和历史因素及相关理论，探讨美术馆藏品长期陈列在当今的艺术系统中是一种怎样的形态，以及一个成功的美术馆藏品长期陈列展览应该具备哪些要素和条件。

本书的写作从“美术馆藏品长期陈列的定义及特点”“不同类型的美术馆藏品长期陈列的方式的研究”“藏品长期陈列呈现的新特点及相关理论的分析”三个部分展开，层层递进；同时把握三个重要理念：藏品长期陈列与艺术史、社会发展、美术馆学关系紧密；美术馆与其他类型博物馆长期陈列有显著区别；美术馆藏品长期陈列及相关理论绝不是一成不变的，而是在时代中不断变化和发展的。

希望通过本书所做的基础性工作和对美术馆藏品长期陈列这一课题的粗浅研究，能够为我国从事美术馆展览相关工作的研究者提供些许有益的参考与借鉴。

第一章 美术馆藏品长期陈列的定义及特点

从 16 世纪的意大利乌菲齐美术馆开始，藏品的展示就已经按照“艺术史”顺序排列，对于艺术家的选择和藏品间的组合完全是在一个历史框架的发展之中呈现的。

第一节

美术馆藏品长期陈列的定义

本书所讨论和研究的对象是美术馆[1]（艺术博物馆）的藏品长期陈列，所以有必要首先明确这种展览形态的定义及特点。最早的公共美术馆乌菲齐美术馆（Uffizi Gallery）将来自美第奇家族[2]（Medici Family）的珍藏向公众开放展示，被普遍视为这所公共美术馆诞生的象征。1793 年，卢浮宫将陈列于皇宫的收藏首次向公众开放，这座皇家宫殿从此成为普通人可以进出的美术馆，管理者们尝试了更为“专业化”的实践，甚至考虑到了美术馆开放的时间、藏品展示的序列，以及对公众的教育活动，这也标志着一个真正的现代意义上的公共美术馆的成立。可以看出美术馆的藏品研究和展示是确立美术馆身份的重要指征，对于美术馆具有特殊的意义。英国博物馆学家帕特里克 · J. 波依兰（Patrick J.Boylan）[3] 将陈列展览分为固定和临时两部分，这两部分又可以分为六种类型：审美性展览、主题性展览、模拟性展览、原状性展览、体系性展览、开放库房性展览（图 1）。贾尔斯 · 维拉德（Giles Velarde）根据展览的自然属性将其分为永久性、临时性、轻便性、流动性四大类[4]。而“永久性”或者说“固定性”展览，就是本书中所指的长期陈列，它基本反映了美术馆的性质和收藏的水平，在内容上比较固定且常年开放。永久性陈列在展出的时间跨度上比较长，一般为 3—5 年，也有 10 年以上的或者更长，但并不是完全不变的，有的也会根据新的收藏或新的主题进行微调或者更换展览。与长期陈列对应的恰是“临时性”

图 1　乌菲齐美术馆的长期陈列展厅

展览，或者说是特别展，这一类型的展览与长期陈列展览互为补充，是美术馆对艺术品进行展示功能的基本构成。所以藏品长期陈列应该是首先区别于临时性展览的，同时是对美术馆藏品经过深入的研究，通过学术策划后进行的长时间或者永久性的陈列，目的是向公众展示美术馆收藏的艺术品，并为公众提供学习和研究艺术的条件。

第二节
美术馆藏品长期陈列的特点

一、展览时间长

藏品长期陈列的展览展品构成复杂，数量多，布展耗资巨大而且展出时间长。另一方面，藏品陈列展的筹备时间也往往非常长，由于藏品长期陈列展的重要意义，展览的策展思路、展示设计等需要谨慎考量，需要建立在对藏品有着深刻研究的基础上，一个藏品陈列展往往在策展之初就需要对藏品有深刻的理解与研究，这需要耗费策展人和工作人员大量的时间和精力。藏品长期陈列展中有一些是真正意义上的“永久陈列”，例如，位于美国大都会艺术博物馆的丹铎神庙（The Temple of Dendur）[5]，自 1967 年以来一直矗立在博物馆的第 131 号展厅，并且应该会永远在那里，因此外地或海外参观者无论何时进入大都会艺术博物馆都可以瞻仰这座保存精美的北半球唯一的一座埃及神庙（图 2）。这样的巨型作品不适合移动，每一次搬迁都是对于藏品的不可避免的损坏，所以往往一旦确定了位置和展览形式就不会变化。这需要最初的决策者有着非常超前的眼光。大都会艺术博物馆的丹铎神庙的展厅设计典雅而庄重，其一侧的巨幕玻璃为神庙提供自然光线，同时窗外的北美风光让人们有一种置身世外的错觉，神庙前面的水池中有埃及睡莲，这让人们不禁会联想到它在尼罗河西岸原址的情景（图 3）。同样，在巴黎卢浮宫，1936 年举办了一个隆重的陈列仪式，

图 2　陈列于美国大都会艺术博物馆的“丹铎神庙”

图 3　“丹铎神庙”展厅内景

将《胜利女神》[6]移动到德农馆[7]（图 4）全新的主楼上。直到现在，它仍然陈列在那里。大部分藏品陈列展会延续比较长的时间，一两年或者更长时间更换一次。例如，柏林市立美术馆的陈列展“1880—1980 年的柏林艺术”的展期定为 2011 年 6 月 17 日至 2013 年 9 月 17 日（而它下一个展览是“1945 年以来的柏林艺术”）。该展览系统地展示了 20 世纪在柏林这个艺术舞台登场的各种艺术流派，从德国印象派到“柏林达达”，再到“抽象绘画”“新客观主义”，以及战后的“新具象绘画”，这个展览将这些艺术流派向往来的观众娓娓道来。实际上柏林市立美术馆不仅仅收藏柏林的艺术品（其中包括其他地区的艺术家在柏林停留时创作的作品，或者与柏林有关的作品），而且还收藏信件、模型、画稿等档案，因此柏林市立美术馆每一次的陈列展都会从丰富的藏品中选取一两个方面，向观众展示不同纬度的柏林（图 5、图 6）。

以下介绍几个具有代表性的长期陈列展。

图 4　陈列于卢浮宫德农馆的《胜利女神》

图 5 柏林市立美术馆的长期陈列展“1880—1980 年的柏林艺术”

图 6 柏林市立美术馆

1. 中国美术馆“藏宝阁”

中国美术馆第六层原是内部的一个资料室，经过改造、重新设计而成为专门长期展示馆藏小型经典作品的陈列厅。因为展出的作品都是具有代表性的大师名作，又称之为“藏宝阁”，2017 年，藏宝阁正式对外开放。这也是中国美术馆建馆以来首次设立长期陈列展厅（图 7）。这一展览陈列在题材选择上区别于以往的重大社会题材、历史题材，重在从审美角度萃集馆藏小幅经典，由“小”切入，让观众了解大师们何以将平凡的生活化为艺术的形式，在笔触、色彩、线条、墨韵中体验精神的感性显现，从而在图像中领悟艺术的真谛。每一期陈列的展期约为六个月。首展集中展出了任伯年、齐白石、黄宾虹、吴作人、吴冠中、刘开渠、熊秉明、于右任、林散之、高二适等大师的经典之作，（图 8、图 9）他们的艺术创作构成了 20 世纪中国艺术的里程碑，体现了中华

图 7　中国美术馆六层“藏宝阁”

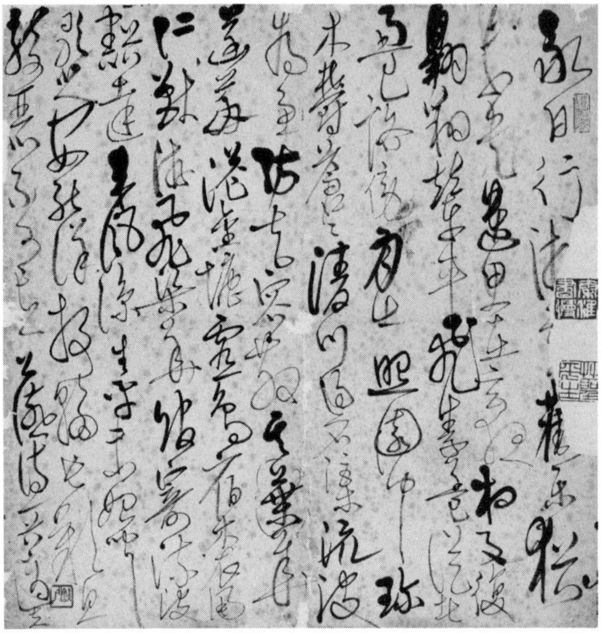

图 8　刘桢《公宴诗》一首　高二适　纸本　书法
20 世纪 70 年代　41cm×39cm
2015 年高可可捐赠　中国美术馆藏

图 9　笔架　熊秉明　雕塑　铜
10cm×20cm×6.5cm　20 世纪 50 年代末
2016 年杨振宁、翁帆捐赠　中国美术馆藏美学精神的源流。通过展览，可以从任伯年、齐白石、黄宾虹的一叶一花、一石一水中感受传统绘画的神逸；从吴作人、吴冠中的静物、风景中体味中国油画语言的中西融汇；从刘开渠、熊秉明的小型雕塑中去把握造型的凝定与律动；从于右任、林散之、高二适等大师的书法气象中感悟一个苍浑而悠远的文化世界。自藏宝阁对外开放以来，已陆续推出五期藏品陈列展览。

2018 年“宝藏经典、活化精神——中国美术馆典藏精品展”（第二期）中，有近代绘画大师徐悲鸿的《奔马》，作品将坚实的造型结构与中国画的笔墨韵味相融合，简约传神，豪迈大气，一往无前的民族精神呼之欲出；有齐白石的《螃蟹》，寥寥数笔，趣味盎然，表达出来自民间的带有泥土气息的乡土情怀和对自然风物的挚爱；更有书法巨匠于右任、林散之、高二适逸笔纵横抒写出的悠远苍浑的文化气象；油画既有留日油画先驱王悦之及其后的卫天霖的作品，也有留欧大家吴大羽、常书鸿以及李瑞年、艾中信等人格高调雅的精彩油画小品；此展中的雕塑也难得一见，均为雕塑名家的作品，张充仁、滑田友、周轻鼎、袁晓岑等人作品在造型的凝定与律动中展现了自然万象的勃勃生机，令人过目不忘。

2019 年推出的“美丽中国——色彩意象中的世界”（第三期），是为庆祝中华人民共和国成立 70 周年，中国美术馆梳理馆藏作品，特别从新中国成立 70 年来创作的具有鲜明主题内涵、独特民族气派与时代特点的藏品中选取的小幅油画、水彩经典进行展览，主题聚焦在美丽中国，以风景为纽带、以爱国主义为核心、以经典书写新时代，诠释真善美。展览分油画和水彩两个板块，分别在藏宝阁和开渠厅陈列展出。油画部分囊括大师大家如刘海粟、庞薰琹、颜文樑、李瑞年、苏天赐、吴冠中、朱乃正、靳尚谊等人的经典之作（图 10、图 11）；水彩部分集中了如李剑晨、潘思同、关广志、古元、宗其香、秦宣夫、黄铁山、陈坚等几代水彩画家的精品力作。展览呈现了一个富有诗意美感和人文活力的中国，一个和谐美好的家园，也展示了新中国成立 70 年来中国油画、水彩画的发展面貌和成就。

2021 年举办的“宝藏经典 活化精神——中国美术馆藏迎春作品展”（第

图 10　桃花簇拥的山村　苏天赐　油画
41cm ×61cm　1994　中国美术馆藏

图 11　炊烟　古元　水彩　38cm ×47.5cm
1962　中国美术馆藏

图 12　“藏宝阁”宝藏经典 活化精神——中国美术馆藏迎春作品展展厅

四期）（图 12），岁末之际，为迎接新年，古人往往会在案头摆上雅致供品，以增年味。展览精选了部分馆藏“岁朝清供”题材中国画及经典油画静物和雕塑作品共 19 件，形成丰富多元的展览架构，体现了中国人对于生活美学的诗意追求和精神乐趣（图 13、图 14），彰显艺术与自然的永恒之美。

2022 年推出的“宝藏经典 活化精神——中国美术馆经典作品展”（第五

图 13　紫绶金章图　任伯年
纸本水墨设色　80.9cm × 35cm　1883
中国美术馆藏

图 14　和平万年　齐白石　纸本水墨设色
69cm × 33.5cm　1952
2015 年舒济、舒乙、舒雨、舒立捐赠
中国美术馆藏

期），再次聚焦中国美术馆十多万件藏品中的经典之作，它们凝聚了艺术家艰辛的探索，是美术史发展历程的坐标。本期陈列展出任伯年、吴昌硕、齐白石、黄宾虹、于右任、毕加索、颜文樑、徐悲鸿、刘海粟、潘天寿、林散之、林风眠、张书旂、高二适、刘开渠、傅抱石、庞薰琹、李可染、吴作人、王合内、吴冠中、熊秉明、黄永玉、克洛德・阿巴吉（Claude Abeille）、皮埃尔・卡隆

图 15 中国美术馆六层“藏宝阁”

（Pierre Carron）、靳尚谊、吴为山共 27 位艺术大师的代表作品。作品所承载的人文精神和作者真切的情感呼之欲出，通过这些作品可以了解大师们如何将平凡的生活化为艺术，让观众在观赏与研究中与作者进行超越时空的心灵交流（图 15）。

2. 中国美术馆雕塑园

中国美术馆建设之初，建筑设计师戴念慈先生在 1962 年 8 月《建筑学报》（图 16、图 17）上发表《中国美术馆设计介绍》一文，讲述了设计中国美术馆主体建筑时的诸多思考与设想，其中有一段写道：“目前，主体工程已基本完成，仅馆外庭院绿化工程和馆内某些装修和设备工程，还有待以后逐步实现。”（图 18）

图 16 戴念慈先生曾在 1962 年 8 月《建筑学报》上发表《中国美术馆设计介绍》

图 17 1963 年中国美术馆开馆之初影像

图 18 中国美术馆雕塑园

图 19 中国美术馆雕塑园一隅

回望建馆历史，更加深刻感受到国家建设和文化发展所取得的巨大成就。中国美术馆雕塑园[8]从无到有，也见证和诉说着美术馆人不忘初心、薪火相传的历史（图 19）。为了更好地发挥经典作品的美育功能和社会价值，让美育融入公共生活，2017 年中国美术馆设立雕塑园，主要展示中国美术馆在雕塑领域收藏、典藏与学术研究的成果。这些藏品在中国美术馆历次重大展览中都发挥了巨大的作用，获得了观众的广泛好评。雕塑园的设立，使雕塑藏品走出库房，立于蓝天竹林之下。“园藏活化”成为“典藏活化”的一部分，并进一步优化了人文环境，为雕塑艺术研究者、广大观众、社区居民提供了一个在展厅之外参观、休憩的场所，体现了中国美术馆花园的温度。

中国美术馆雕塑园的建立，美化了美术馆的公共环境，烘托了美术馆无处不在的艺术氛围，其展览由馆藏国内、国际雕塑作品陈列和中青年雕塑家作品两大部分共同组成，形成了丰富多元的展览架构。展现着雕塑与美育、艺术与自然的永恒之美，其中很多作品均为新中国雕塑史上的经典之作。在雕塑园陈列的作品中有多件为中国第一代留法雕塑家的作品，这些作品饱含着时代的温度和历史的厚度，如刘开渠的《红军战士》、滑田友的《轰炸》等。《志愿军》是王临乙在新中国成立后创作的为数不多的全身圆雕塑像之一，塑造的是一位抗美援朝战场上的志愿军战士，他双足跨立，上身略微向左扭动，身背弹夹，手持武器，神情沉静坚毅，展现出勇敢无畏的革命意志。作品结构设计精巧，体现了学院派扎实的造型功力，朴实含蓄，各部分相得益彰、浑然一体，展现出艺术家严谨精深的艺术功底，又蕴含着传统雕塑内敛质朴的独特气象，富于厚重之美。在雕塑园中还陈列有当代美术发展中具有代表性的、艺术成就突出的美术家的优秀作品。《潘天寿》（图 20）是雕塑家吴为山创作于 2012 年的作品，他以沉厚凝练、虚实有致的写意雕塑语言表现了潘天寿“道力苍茫”“强其骨”的精神面貌。雕塑人物姿态松灵、表情生动，于细微处回旋着撼人心魄的磅礴之力，让观者在凝视塑像过程中体会到潘天寿先生澄澈的内心世界、深沉的文化心语、刚健的人生意识、高蹈的人格理想。

中国美术馆雕塑园不仅展示了艺术家们有感于时代、有感于生活而创造的真与美，也书写和见证着中国美术馆发展历史中感人至深的捐赠实录，这是国家美术的宝藏，也是中国艺术花园中经久绽放的花朵。捐赠的作品中不仅有 20 世纪中国雕塑家的代表作，还有漂洋过海从遥远的欧洲来到中国的法兰西艺术院[9]雕塑院士的作品，以及来自西班牙、白俄罗斯、英国等国家著名艺术家的捐赠，经典之作不胜枚举（图 21）。由法国雕塑家、法兰西艺术院院士让·卡

图 20 雕塑《潘天寿》作者：吴为山

图 21　中国美术馆雕塑园一隅

图 22　《阳光下的牛》作者：让·卡尔多（法国）

尔多（Jean Cardot）先生创作的《阳光下的牛》（图 22）于 2019 年庆祝中法建交 55 周年之际捐赠给中国美术馆。

让·卡尔多，1930 年生于法国，其创作的《戴高乐像》和《丘吉尔像》立于巴黎香榭丽舍大街，广为人知。除此之外，公牛也是卡尔多雕塑中的常见题材。1957—1959 年卡尔多赴法兰西驻西班牙学院驻留期间，对斗牛产生了浓厚兴趣，斗牛士与公牛间殊死搏斗的场面，激发了他的创作灵感。其间，卡尔多创作了一系列以公牛为题材的作品。回到法国后，卡尔多仍不时以公牛为题材进行创作。1983 年当选法兰西艺术院院士时，他甚至将公牛作为主体造型铸在其佩剑剑柄上。与卡尔多的其他公牛题材雕塑相比，《阳光下的牛》最大程度地扬弃了细节表现，不仅牛的尾部消失不见，四肢也几乎与身体融为一体，微昂的头部和伸长的脖颈动势则被强化和夸张。这种极具表现主义倾向的形体淬炼，让作品充满了强烈的精神性。卡尔多几经思索，最终决定将这件创作于 1968 年，原名为“垂死的公牛”的雕塑，重新命名为“阳光下的牛”。

图 23　最早的雕塑花园，1939 年

图 24　洛克菲勒雕塑花园，1953 年由菲利普 · 约翰逊设计

3. 纽约现代艺术博物馆雕塑花园

1939 年，是纽约现代艺术博物馆（The Museum of Modern Art，简称 MoMA）成立的第十年，它在原有馆址上破土动工，进行改建，第一次以现代建筑的面貌示人。在这一座新建筑的后方，有一片开敞的空地。设计师的精力都花在了建筑本身，对于这一片空地并未有合适的想法。因此作为 MoMA 第一任馆长阿弗烈德 · 巴尔（Alfred H. Barr）和建筑部新上任的策展人约翰 · 麦克安德鲁（John McAndrew）决定将其用作雕塑花园，并很快设计出了可行的展览和陈列方案。他们在雕塑花园中的雕塑与雕塑之间，创造性地置入了“屏风”，以此来划分展区，形成了一个富有变化的观赏空间（图 23）。这样的设计理念，可以让观众联想到日式庭院，给人以静谧、舒适的“花园空间”的感觉。今天我们所看到的雕塑花园，是基于 1953 年的改造。那一年，为了纪念 MoMA 的创始人之一艾比 · 奥德利奇 · 洛克菲勒（Abby Aldrich Rockefeller，1874—1948），MoMA 决定重新改造雕塑花园并以她的名字命名（图 24）。担任这次改造设计重任的是时任 MoMA 建筑与设计总监菲利普 · 约翰逊（Philip Johnson），通过这次重新设计改造，雕塑花园变得更为现代和开放，成为一个开放式的展览空间，观众可以自由参观，进行艺术漫步。在之后的半个世纪里，

图 25 MoMA 雕塑花园

洛克菲勒雕塑花园也随着 MoMA 的发展，不断精益求精。1984 年，MoMA 进行第三次改建，为了配合整体设计，雕塑花园的面积整体缩小了。2004 年，在日本建筑师谷口吉生的重新设计下，MoMA 内部与外部的空间关系更加和谐，相互呼应，连通在一起，花园和建筑成了一个有机的整体。MoMA 雕塑花园的展品以固定陈列为主，基本不会调整和更换，只有一小部分会定期更换。在这些作品中就包括马蒂斯(Henri Matisse)和毕加索(Pablo Picasso)、阿里斯蒂德·马约尔（ Aristide Maillol ）的雕塑作品（图 25 ）。

毕加索晚年的艺术探索涉及各个艺术门类。1947 年开始，他对陶艺、雕塑产生了浓厚的兴趣。在雕塑花园的展品中有一件名为《山羊》的雕塑作品，由综合材料组成，金属碎片搭建整个结构，这件雕塑作品正是经常出现在毕加索画中的形象。阿里斯蒂德 · 马约尔的作品《河》，一开始是陈列在草地上，现在置于雕塑花园中心水池之中，环境和作品之间形成了更加微妙和融洽的展示关系。作品呈现出充满戏剧性的动态，女人体的造型又保留了古典美，作品所表现的艺术张力和神秘气息在这样的环境中体现得淋漓尽致。除了著名艺术家雕塑作品以外，雕塑花园中还陈列着具有新艺术风格的作品。《大门》是新艺术主义风格[10]的代表作。设计师赫克托·吉玛德[11]（Hector Guimard）设计的形似大型热带花朵的琥珀色玻璃灯，这件作品完成时正值1900年巴黎博览会召开，这些散布城市各处的地铁大门，让所有人都对这个城市的地下系统耳目一新。吉玛德的这一设计，也将原先只与奢侈品市场有关的新艺术风格带入了大众文化的领域。

除了基本陈列，雕塑园还有各种新的艺术项目展出。“艺术家之选”是MoMA在1989年发起的一个艺术项目，每一期会邀请一位当代艺术家在MoMA的馆藏品中选择作品去与之“对话”，创造新的释读空间。瑞士艺术家彼得·菲茨利（Peter Fischli）是第十三位受邀参与这个项目的艺术家，他借鉴了法国概念艺术家本·沃提尔（Ben Vautier）画上的一句话：“如果一切皆是雕塑，那为什么还要创作雕塑呢？” 根据这个理念，彼得·菲茨利在MoMA的馆藏中选择了一些雕塑作品在雕塑花园里展示，并将这个问题分享给给漫步于此的观众。这也是“艺术家之选”有史以来第一次在雕塑花园中展出。这些新颖有趣的艺术对话项目，很好地吸引了青年观众，有很多人慕名来参观。

二、展品来源于本馆的收藏，展览体现了馆藏的特点

美术馆馆藏特点决定了馆藏陈列展的方向。藏品陈列反映了一个美术馆的身份，藏品陈列的特点决定了美术馆的特点，馆藏陈列的学术水准决定了美术馆的高度，因此世界上大部分美术馆都将馆藏陈列放在重要的位置。

可以说美术馆的藏品长期陈列是美术馆身份的代表，通过馆藏陈列人们可以清晰地了解美术馆的特点。美术馆也会根据本馆的藏品的特点进行合理的组织和陈列。藏品的构成决定了美术馆藏品陈列将以何种方式展开，美术馆对自

图 26 纽约大都会艺术博物馆外

身的定位也决定着美术馆如何展示自己的藏品（图 26）。例如，纽约大都会艺术博物馆的馆藏陈列主要是世界各个文化地区的艺术，具有百科全书的性质，按照世界上不同地区划分展厅，主要包括：欧洲艺术、非洲美洲大洋洲艺术、埃及艺术、美国艺术、伊斯兰艺术、近东地区艺术等。其中欧洲艺术占据了主要位置，包括中世纪艺术、雕塑与装饰艺术、武器与盔甲、文艺复兴艺术、希腊罗马艺术、欧洲绘画等。这样的馆藏陈列体现了纽约大都会艺术博物馆馆藏的人类学性质，将介绍不同地区的人们的生活和文化作为己任，在宏大的文化背景下研究艺术和艺术史。纽约大都会艺术博物馆的国际眼光和丰富的藏品向人们充分展示了其博大精深的世界级美术馆风范。

即使是一些相对小的美术馆，也会在长期陈列中着力展示自己馆藏的特点，如夏加尔美术馆和巴黎橘园美术馆。

图 27 法国尼斯夏加尔美术馆长期陈列展展厅

图 28 巴黎橘园美术馆的莫奈作品《睡莲》

夏加尔美术馆（图 27）坐落于法国南部小镇尼斯，夏加尔（Marc chagall）[12] 在 1923 年至 1942 年期间留居法国并且在蓝色海岸地区旅行，创作了很多作品。1966 年，夏加尔将自己的十七张以宗教为主题的作品捐赠给这座美术馆（包括创作手稿和相关的文献），这些作品构成了美术馆重要的馆藏。夏加尔美术馆的主展厅，雪白的墙壁被分割成不同的展墙，展示了十七个夏加尔眼中的圣经故事。

橘园美术馆（图 28）的馆藏陈列如同希腊雕塑一样静穆而单纯，它的最重要的长期陈列是莫奈（Claude Monet）晚期创作的《睡莲》系列，椭圆形纯白的展厅让人感受到莫奈作品的静谧与丰富。

虽然这两个展厅都没有丰富的布展装饰，但是却用最简单的展览语言向公众传达了作品，夏加尔美术馆多边形的展厅好像是配合了圣经故事的曲折，而橘园美术馆椭圆形的“睡莲展厅”则似乎暗示了四季的轮回和生命的兴衰。两个陈列展的出色之处就在于它们的简单，展陈布置与作品浑然一体，同时提升了作品。

这两座美术馆规模都比较小，但是它们的长期陈列非常有特点，都是一位艺术家的某一方面的代表作品，因此人们想看莫奈的《睡莲》的时候，到橘园美术馆是最好的选择，想看夏加尔的“圣经故事”题材作品的时候首选夏加尔美术馆。小的美术馆没有大都会艺术博物馆、纽约现代艺术博物馆、卢浮宫的宏大叙事，但是专业且有特色的长期陈列展，让人们对这些美术馆喜爱有加，这样的陈列展也使观众更加容易接近艺术，更容易欣赏艺术。这些小美术馆通过长期陈列展，将自己的局限变为自己的特色，令人尊敬。

当然，各个美术馆的长期陈列展也有很多共通之处，例如，馆藏陈列往往具有较高的学术水准，展览策划起来往往非常复杂，需要有充分的时间做前期的研究、整理、修复保护的工作，有些作品一旦放在墙上，就很少挪动，所以对于展厅的设计、空间与光线的经营都十分讲究。虽然一些优秀的特别展览也有同以上相似的特点，也是策展团队经过长时间的准备才得以呈现，一些短期展览虽然展示时间不长但是布展细节也十分精到，但是相对来说，长期陈列由于代表着一个美术馆的学术高度，展示了美术馆的底蕴，往往在研究、展陈设计上都更加考究、细致。

与此同时，很多重要的美术馆，都设立了本馆的藏品系列展览。这一类型的展览在展览时间上不同于传统的长期陈列展览，展期在3—5个月之间。但是展览的规模和策展理念同样符合藏品长期陈列展的性质，具有很高的学术性。同时，在藏品展示上体现出更多的丰富性和灵活性。以下介绍几个具有代表性的馆藏陈列展项目。

1. 中国美术馆“典藏活化”系列展览项目

将本馆藏品以不同的形式组合进行陈列展示是对藏品研究、展示的深刻运用。首先，确立陈列展的主题需要策展人和研究员对藏品进行深刻的研究和梳理，以不同的主题为主线展出馆藏品可以解决有限的展示空间与丰富的馆藏之间的矛盾。例如，中国美术馆的六层藏宝阁和五层（19—21号）展厅即为馆藏品展览的长期陈列区。为了更好地对馆藏作品进行研究和展示，中国美术馆于2015年设立“典藏活化”系列展览项目，专门围绕美术馆的藏品进行学术策划，推出了一系列重要的藏品长期陈列展览。像围绕20世纪中国山水画研究展开的“搜尽奇峰——20世纪中国山水画选展”，围绕新中国美术现象再

图 29 中国美术馆“走向西部——中国美术馆馆藏精品展”展厅

图 30 “待细把江山图画——傅抱石写生山水大展”展厅现场

图 31 待细把江山图画 傅抱石 纸本水墨设色 100cm×111.5cm 1961 中国美术馆藏

图 32 “典藏活化”系列展开篇展——人民的形象展览海报

发掘策划的“20 世纪中国美术之旅：走向西部——中国美术馆馆藏精品展”（图 29），为纪念“五四运动”100 周年中国美术馆策划了聚焦青年题材美术作品的“典藏活化”系列展：青春万岁——中国美术馆藏经典作品展，从中国美术馆馆藏作品中选取反映青年一代在不同时期战斗、建设、奋进的代表性作品，包括中国画、油画、雕塑、版画等，不仅展现了青年人的精神面貌与时代风采，而且反映了当代中国社会的蓬勃生机。与此同时，中国美术馆策划并且举办了一系列以“弘扬中国精神”为主题，展示 20 世纪中国艺术大家的精彩藏品陈列展览，如“待细把江山图画——傅抱石写生山水大展”（图 30、图 31）。此展作为中国美术馆“弘扬中国精神系列展”的重要项目，是一次难得的学术专题展，展现了这位 20 世纪中国美术大家对传统笔墨形式的突破、对新题材的开拓，以及对形式语言的探索所取得的重要成就。再如“浑厚华滋本民族——黄宾虹诞辰 150 周年纪念特展”，汇集馆藏黄宾虹精品，辅以海外藏家和国内文博机构佳作，此展针对美术馆藏品中重要的艺术家以个案研究的方式进行展览策划。2015 年 1 月 12 日中国美术馆举办了“典藏活化”系列展的开篇展——人民的形象（图 32），此后举办“人民的形象”展姊妹篇“江山多娇”主题展览，

图 33　“花开盛世——中国美术馆藏花鸟画精品展”展厅

展览旨在通过精选的馆藏精品展现新中国成立以来自然山水题材美术创作的成果与发展脉络，展示神州大地的万千景象和自然生命的无限生机，这一系列藏品展的举办一时间成为当时的文化盛事。“典藏活化”系列展的大幕也正式拉开。此后，“万卷河山”展览集中展示黎雄才的《武汉防汛图》，关山月的《山村跃进图》，李震坚与金浪合作的《兰州新风景》，古一舟、惠孝同等多人合作的《首都之春》，以及林散之的以新中国面貌为表现对象的著名长卷作品《江浦春修》图共 5 幅，力图为观众营造独特历史时期史诗般的万卷云山，传递对未来充满希望的革命乐观主义精神。“美在新时代——中国美术馆典藏精品特展”（第一期、第二期、第三期），“中国美术馆构建人类命运共同体主题展：美美与共——中国美术馆藏国际艺术作品展”“花开盛世——中国美术馆藏

图 34 “美在新时代——庆祝党的十九大胜利召开中国美术馆典藏精品特展”海报

“美美与共——中国美术馆藏国际艺术作品展”海报

花鸟画精品展”（图 33），以及“只研朱墨作春山——纪念鲁迅逝世 80 周年美术展”“斯文传古风——邓拓捐赠古代绘画精品展”“江山壮丽——中国美术馆藏山水与风景题材作品展”“品读文与画——中国美术馆藏文学插图精品展”“美术作品中的青春——中国美术馆藏经典作品展”，等等，可谓不胜枚举，每一个展览都紧扣时代脉搏，既有学术性，又有艺术性和观赏性。中国美术馆“典藏活化”系列展，获得了学界和观众的好评和认可。其中“美在新时代——庆祝党的十九大胜利召开中国美术馆典藏精品特展”和“美美与共——中国美术馆藏国际艺术作品展”（图 34），作为“典藏活化”系列展的重要项目，“美在新时代”展览吸引观众 15 万人，最高单日观众量达到 2.3 万人；60 余家媒体进行了专访，发出新闻报道近千篇。“美美与共”展览紧扣构建人类命运共同体这一主题，来自 61 个国家的 224 件艺术品同时亮相，汇集了中国美术馆藏巴勃罗·毕加索、萨尔瓦多·达利（Salvador Dalí）、凯绥·珂勒惠支（Kathe Kollwitz）、葛饰北斋、安迪·沃霍尔（Andy Warhol）等国际艺术大师的作品，在中国美术馆史上实属首次。

“新年展”作为中国美术馆的品牌性展览，在每年的春节期间为全国人民送上“美”的新春祝福，旨在让观众新年来到中国美术馆与春风相随，与艺术之美相伴。中国美术馆举办的新年展如“民族与时代——徐悲鸿主题创作大展”和“花开盛世——中国美术馆藏花鸟画精品展”，后者汇集了中国美术馆藏花鸟画精品 100 余件，将中国宋元以来的花鸟画发展脉络通过具体作品集中展现与梳理。展览分为三部分：第一部分展出宋、元、明、清的花鸟画作品，以陈容、边景昭、夏昶、沈周、吕纪、陈淳、徐渭、周之冕、蓝瑛、朱耷、恽南田等书画家的花鸟画精品为代表，体现了绘物之精、状物之妙、体物之情、写物之神，展现了中国人观察自然的特色视角与抒情写意的独特方式；第二部分展出近现代花鸟画作品，任颐、吴昌硕、齐白石、陈师曾、于非闇、徐悲鸿（图 35）、陈之佛、刘海粟、潘天寿、林风眠（图 36）等艺术家的作品，或立足传统，或以西润中，或中西结合，或依中而变，致广大，尽精微，将花鸟画的构图、色彩、笔墨、内涵不断拓展变革，也使花鸟画的抒情性、表现性、象征性、文化性得到新的发展；第三部分展出当代花鸟画作品，通过展出的当代作品可发现，正是在传统基础上，当代画家向民间艺术学习，向史前艺术取经，向西方现当代艺术巡礼，推动不同画种、画材、画法、画境的交叉结合，使当代花鸟

图 35　奔马　徐悲鸿
纸本水墨设色 105cm × 60.8cm 1944
中国美术馆藏

图 36　油灯花果　林风眠
水彩　67.9cm × 67.2cm　1960
中国美术馆藏

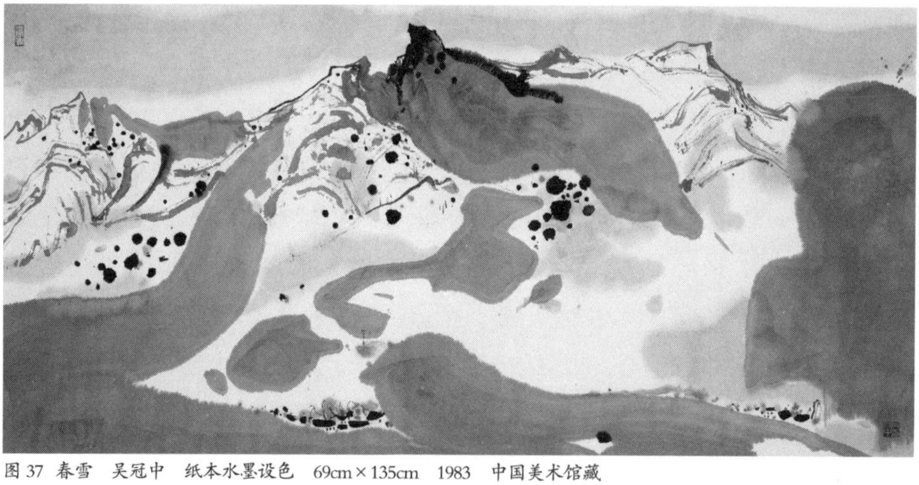

图 37　春雪　吴冠中　纸本水墨设色　69cm × 135cm　1983　中国美术馆藏

图 38“美在耕耘——中国美术馆新年展”展厅

画百花齐放、争奇斗艳。与南京博物院共同策划主办的“金陵盛迹——十七世纪的金陵画坛”展览共展出两馆收藏的涉及 40 多位名家的 81 件套书画精品，其中不乏宗师巨匠与赫赫名迹，充分展示了金陵画坛人物之俊彦，绘事之昌盛。展览广受社会各界的青睐和公众的好评。“美在河山——中国美术馆藏风景题材作品展（1949—2018）”从馆藏作品中梳理并遴选出 251 件，以 1949 年至 2018 年间的美术史发展为序，分成六大篇章，以“美在河山”为主题，用“美”向广大观众致以新春问候（图 37）。本次展览的学术策划，以神州大江南北不同风光为透视散点，以时代变迁为观察原点，以美为纽带，以爱国主义为创作核心，形成展览的整体格局。“北国风光”“青山妩媚”“古都新貌”“山川巨变”“山川不朽”“民族精神”六个篇章，篇篇关联，皆以物传情、以美言志，以山河壮丽赞美祖国、赞美时代。2021 年新春佳节，中国美术馆精心策划了“美在耕耘——中国美术馆新年展”（图 38）。展览主题围绕习近平总书记提出的“三牛”精神而展开：要发扬为民服务孺子牛、创新发展拓荒牛、艰苦奋斗老黄牛的精神，永远保持慎终如始、戒骄戒躁的清醒头脑，永远保持不畏艰险、锐意进取的奋斗韧劲，在全面建设社会主义现代化国家新征程上奋勇前进。展览以牛的形象为引领，展出中国美术馆收藏的囊括古今中外大家脍炙人口的名作，以及少部分邀约作品近600件，涵盖中国画、油画、版画、雕塑、书法、摄影、工艺美术、民间美术等类型，分为“瑞牛呈祥”“时代壮歌”“大地诗韵”“艺心同音”“石榴同心”“医者仁德”“大国工匠”7个篇章，还有“书为心画”“人民的形象”（含“张安治绘英模人物作品展”）2个专题性策划的篇章。可以说，这些藏品陈列展览的成功举办以其学术的高度和丰富的内涵，受到了社会公众和学界的一致好评。同时，这些藏品专题展与中国美术馆反映当代美术创作等其他类型的展览之间形成一种有机互动的展览架构，大大弥补了由于美术馆展出空间等客观条件的制约而无法进行更大规模的藏品长期陈列展的缺憾。

2. 中国美术馆藏路德维希夫妇捐赠作品展

作为中国美术馆馆藏作品系列展中的一个“常规性展览”，“路德维希夫妇捐赠作品展”（图39）每年都会以陈列展的形式与公众见面，并且曾经多次在其他城市的美术馆进行巡回展览。如此高频率地将这批藏品进行梳理和展示，足以看出其在美术馆的收藏体系中所占有的重要地位。

这批藏品来自路德维希夫妇[13]1996年的捐赠，共包括19个国家82位艺术家的89件（117幅）作品，基本涵盖了20世纪70年代至90年代世界范围内重要的艺术家，如德国新表现主义、波普艺术的代表，其中4件毕加索晚年时期的画作尤其珍贵。如果以通俗的方式来描述这次捐赠的价值，2700多万美元是当时这批艺术品的价格。在今天看来，这个数字仅仅是这次捐赠中安迪·沃霍尔（Andy Warhol）或者是格哈德·里希特（Gerhard Richter）（图40）的一件作品的市场价格。路德维希夫妇的这次捐赠更大的价值在于，使中国公众可以在国内欣赏、学习和研究这样一段由西方重要代表艺术家作品所构成的“完

图 39　中国美术馆举办“路德维希夫妇捐赠作品展”

整的艺术史”成为可能。这实际上对应了自油画引进中国以来，从徐悲鸿、刘海粟等人开始就一直希望可以在国内建立西方美术的系统收藏和陈列体系的构想，虽然这批艺术品并非欧洲的古典和早期现代主义绘画的作品，但是就其对于一段艺术史呈现的完整性来看，则是为中国美术馆实现对 20 世纪西方现代艺术更加完整的收藏提供了一个重要的基础。所以，毫无疑问这是中国美术馆的藏品中迄今为止最为重要的国际艺术的收藏之一。（图 41）

如此重要的藏品，如何以展览的方式将它们展示给公众并且尽可能呈现其应有的价值成为美术馆在每次陈列中首要思考的问题。有一期名为“路德维希的艺术课”的展览应该是对这批藏品的陈列展中一次积极的尝试。展览通过以“艺术风格”方式的重新归类，将藏品中大部分重要作品在 13 个板块中进行展示，分别是立体－未来主义、综合的艺术、从传统中来、维也纳幻想现实主义、非形式艺术、照相写实主义、涂鸦艺术、新表现主义、波普艺术、莱比锡画派、抽象表现主义、图案与装饰，社会主义现实主义（图 42）。同时也尽可能地

图 40 胡贝尔拉特附近的埃费尔风光 格哈德·里希特 布面油彩
150cm×200cm 1969 1997 年路德维希夫妇捐赠 中国美术馆藏

兼顾艺术家的地域性问题，如在新表现主义的部分主要是德国的艺术家，而波普艺术、照相写实主义和涂鸦艺术部分则多为美国艺术家。这样的展览结构为观众提供了最为清晰的对不同艺术风格进行横向比较研究的路径。时间顺序并不是这个展览的主线，地域性的区分亦不是展览的框架，而以艺术样式和“风格学”的划分将展览用类似于“艺术课”的形式建构起来。众所周知，路德维希夫妇的收藏一直是以艺术史序列的方式开展的，他们同在美茵茨大学学习艺术史，彼得·路德维希的博士毕业论文即为对毕加索绘画的研究，后来，他们夫妇也成了全世界最大的毕加索作品的私人收藏家。彼得·路德维希对于艺术有自己深刻的理解，他有计划并且持之以恒地不断“扩充”延展已有的收藏序列。

图 41 格哈德·里希特作品在“艺心同音——国际视野下的中国美术馆藏作品研究展”展出

图 42 中国美术馆举办路德维希夫妇捐赠作品展

对于现代艺术及20世纪以来的艺术品收藏，有着“超前”的认识，他认为应该建立跨越多个国家和地区的艺术收藏；最有魅力的恰恰是现在正在发生的事情（艺术），人们应该有机会看到新的东西，并且去探讨这些新的东西，用自己的观看和理性的思考走进这些新的艺术。对于这批捐赠给中国美术馆的藏品，他曾经讲过：“这些作品将永远留在中国，它较为详细地展示了70年代以来产生的非中国艺术，正如我们不容易理解中国艺术家的绘画一样，我们知道，对喜爱艺术的中国朋友来说，去理解一个对于他们至今仍很陌生的世界也要花一番工夫。”[14] 事实也正是如此，如何将这些作品的内容和意义“有效”、清晰地表达出来，并且让中国的普通观众可以接受，确实具有一定的难度。因为“跨文化”，以及“新艺术”在理解上的艰深，和社会大众对现代艺术认识程度上的落差等都将成为“路德维希捐赠作品展”必须面对的现实问题。也正是基于对以上问题的回应，“路德维希的艺术课”成了本次展览的主题（图43）。“艺术课”是路德维希收藏的坐标系，开启了一个他成为最著名的收藏家的序幕，而“路德维希的艺术课”更可以理解为每一个参观者的“艺术课”。这个展览以一种最为“朴素”和“高效”的展览结构，尽其所能将这些艺术品、艺术家、艺术史介绍给观众，如在观众观看《带鸟的步兵》的时候，介绍晚年的毕加索，介绍他在这个时期艺术上的特点；在观看《彼得·路德维希肖像》（图44）的时候，介绍安迪·沃霍尔和波普艺术的发展；在观看《德国咖啡馆》系列作品时，将伊门多夫（Jörg Immendorff）和德国的新表现主义介绍给观众；在观看费尔诺弗特（Verena Vernunft）的《九根柱子》（图45）时，则以极简的语汇，讨论新形态的艺术样式。与此同时，一个个延伸于艺术与社会的诸多思考将成为人们再次去印证的问题。

这次展览可以说深入浅出地将这批藏品以“艺术课”方式巧妙地呈现在观众面前，系统地展示了20世纪70年代至90年代国际艺术的发展。从社会以及学界的反馈来看，这次展览的确是一次成功的藏品展。这基于展览的策划者们在策展伊始就将展品的特性和观众基础做了相应的分析，避免了脱离现实的

图 43 花瓶边的男人和女人　巴勃罗·毕加索
布面油画　116cm×89cm　1970　1997 年路德维希夫妇捐赠　中国美术馆藏

图 44 彼得·路德维希肖像　安迪·沃霍尔
亚麻布丝网印刷画
105cm×105cm　1980
1997 年路德维希夫妇捐赠
中国美术馆藏

图 45 九根柱子　薇勒娜·费尔诺弗特
纸板、自造纸、丙烯酸、油粉笔
240cm×300cm×300cm　1992
1997 年路德维希夫妇捐赠　中国美术馆藏

图 46 罗马，静物　威廉·贝利　布面油画　114m×146cm　1976
1997 年路德维希夫妇捐赠　中国美术馆藏

“曲高和寡”。在现代美术馆界倡导展览的学术性与大众性相结合的今天，展览如何策划，实际上需要在学术思考中加入对观众情况的提前调研。本次展览恰恰是重视了两者间的关系，“艺术课”实际上解决了这个展览项目中最核心的问题，即如何呈现一段并不容易被观众理解和接受的外国艺术史，同时又具有学术的高度。类似的经验还有很多，比如当下各大双年展、文献展，这些展览依托的是它所在城市的地域属性、文化表征以及历史语境等，展览主题的确定（图 46）无一不与举办地有着各种维度的关联性，“此时此地”成为展览策划环节中绕不开的命题，甚至在很多情况下，这是决定展览主题和方向的重要因素。中国美术馆不负路德维希夫妇当初的嘱托，最大限度地发挥了这批藏品的文化价值与作用，以展览、研究、交流等方式，扩大作品的影响力与影响面。

从 1996 年到 2022 年，中国美术馆每年都以这批藏品为基础组织与策划相关的项目，这批艺术珍品的足迹已经远至上海、广州、成都、南京、武汉等地区。据不完全统计，20 多年来，共有上百万观众目睹了这批艺术珍品的风采。此外，中国美术馆不断地用召开国际学术研讨会、开展公众教育活动的方式发挥这批珍贵艺术品的价值，让它们的独特魅力为更多人所欣赏。作为捐赠的受益者，在纪念和感激路德维希夫妇慷慨的同时，中国美术馆将永远感恩他们的善举，将其对中德友谊的贡献及对文化的传承接力下去，让这笔文明的馈赠在中国的土地上得以延续和发扬。（图 47）

与此同时，在思考展览呈现的实操阶段也并非只是展示藏品，而是呈现作品之间所构成的关系，并且将“知识生产”隐含其中。强调在同一主题之下，制造“超越时间和空间”的作品之间的“对话”，为藏品陈列展的策划寻找到了新的可能性，其目的则是以新的展示方式来为观众创造一个更加有益于他们欣赏、思考、体验艺术和获取知识的展览方式。

任何一个藏品的陈列展都没有约定俗成的规定范本，同样的作品会组成各种不同主题和状态的展览，存在着无限的可能。可以说，展览对于观众实际上是一个提供思考和获得新知的“场域”，优秀的藏品展总是将经典作品置于新

图 47 在中德建交 50 周年之际，“永恒的温度——中国美术馆藏路德维希夫妇捐赠作品选展”在清华大学艺术博物馆举行

的展览结构中，区别于千篇一律的重复，而以创新的策展理念让其产生“新义”，激活成了这一类展览策划的关键词。这个词主要包含两个方面的含义，一方面是对于作品的激活，即释放其在一个展览的语境中所具有的语义；另一方面则是对观众的行动如思考和感知的激活。无论是以艺术史的发展和时间顺序陈列还是不以时间顺序的主题陈列的目的都是要将展览变为一个为观众提供发现和体验之旅的空间。展览布置内含着美术馆对于艺术品的研究成果，也反映出对当下美术馆与公众之间关系的认识和态度，反映出现代美术馆对教育、知识生产和服务娱乐大众做出的探讨和努力。

随着现代美术馆学理论的发展，美术馆需要的是“走向公众”的姿态，这不仅是现代意义上新美术馆转型的信号，更重要的是变革的开始和继续。正如路德维希所讲的“现代艺术博物馆不是一个静止不变的机构，而是应像生活本身一样不断变化和发展。”[15]

第三节

藏品长期陈列在美术馆中的地位

美术馆是一个知识生成的有机体，长期陈列、特别展、服务咨询区、图书馆、收藏区、活动区、书店、咖啡餐馆、艺术衍生品等共同构建了美术馆的功能。而且随着美术馆的发展，越来越多的区域被细分出来，让参观者与美术馆互动，获得更好的参观体验。

在这些区域中，面对观众的核心区域是展览区，这个区域是美术馆的舞台，是所有艺术作品价值集中体现的地方。长期陈列一般会占到公众活动区域的多大比重呢？我们以华盛顿国家美术馆、巴黎蓬皮杜艺术中心和纽约 MoMA 为例，探究长期陈列在艺术博物馆中的整体定位。之所以选择这三个艺术博物馆，是因为它们具有各自的代表性：华盛顿国家美术馆主要以绘画收藏为主，而蓬皮杜艺术中心和 MoMA 的收藏主要以现当代艺术为主。后两个美术馆中很多艺术都是以多媒体、装置的形式出现的。三个美术馆从外观上就给人非常不同的印象：华盛顿国家美术馆典雅庄重、蓬皮杜艺术中心先锋前卫，而纽约现代艺术博物馆则是现代艺术的经典形象。

从（图 48）中可以看到，蓬皮杜艺术中心的长期陈列展展厅面积约占到总面积的 41.35%，而华盛顿国家美术馆长期陈列展厅约占到全部展厅面积的 80%，而 MoMA 约占到 73.88%[16]。当然这些例子中机构的特点也应该被充分

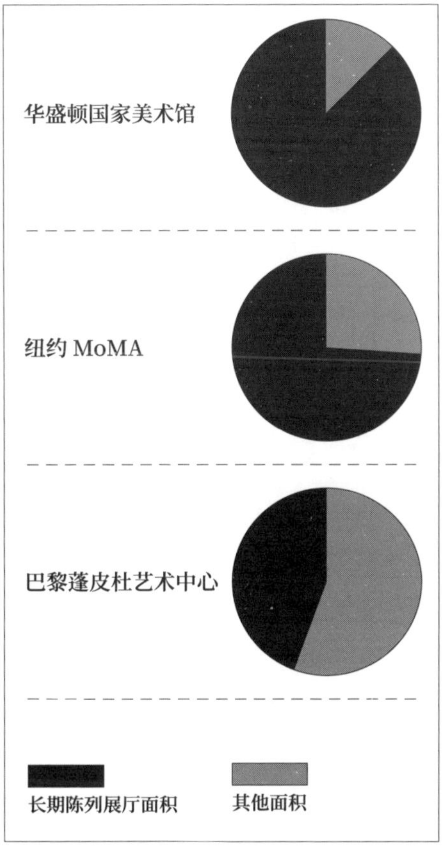

图 48 长期陈列展厅面积占比

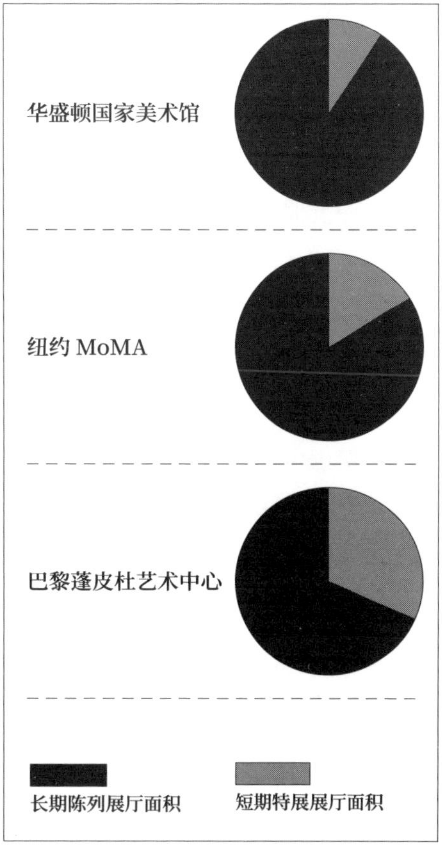

图 49 长期陈列展厅与短期特展展厅面积对比

考虑到，例如，蓬皮杜艺术中心不仅仅局限于视觉艺术，它所包含的范围更扩大到了音乐、研究和教育，整座建筑共分为工业创造中心、大众知识图书馆、现代艺术馆以及音乐及表演艺术与研究中心四大部分，因此视觉艺术的长期陈列展厅相对于全部展厅面积就会小一些。但是，从这三组数据中可以看到在国际性美术馆中长期陈列展厅占据着重要的位置，正是由于有了长期陈列的存在，这些美术馆的身份才得以成立。

在展示空间中，长期陈列展与特别展览的关系也是非常重要的。特别展览是长期陈列展的重要补充，它为整个艺术空间带来活力。很多艺术博物馆将主要展示馆藏品的长期陈列展看作是艺术的过去与现在，而特别展则是正在发生的历史，它预示着未来。另外，有些特别展览是长期陈列展的片段的放大，往往是对长期陈列展中某一个特别课题研究的新发现，这些特展丰富和深化了藏品研究，让观众可以更好地理解美术馆。

那么特别展与长期陈列展的比重究竟是怎样的呢？蓬皮杜艺术中心的长期陈列展面积是特别展展厅面积的一倍有余，华盛顿国家美术馆的长期陈列展厅的面积甚至是短期特别展展厅面积的十一倍，而 MoMA 的长期陈列展厅与短期特别展展厅面积比为 4:1[17]（图 49）。

在以经典绘画为主要收藏的美术馆，特别展的展厅往往比较小，这主要有两个原因。其一，经典绘画与现当代的艺术联系较远，在这些美术馆中展示过于当代的艺术品往往会与藏品陈列展脱节，让参观者不知所以，而如果从艺术史角度策划短期特别展览，又往往面临着所需要的作品都是国家级文物，海关检查和作品的借展都极为不易。其二，以经典作品为主要收藏的美术馆往往设立于古代建筑中，这些建筑的周围早已有了其他建筑，不易拓展，而这些建筑本身往往并不符合现代艺术博物馆对于展示、收藏等方面的要求，因此，受到场馆的限制，以经典作品为主要藏品的美术馆的特别展展厅通常就会比较小。这种现象非常普遍，如故宫博物院的短期特别展展厅就比较小。

当然这种局限性现在也在慢慢改变，MoMA 为了增加对于当代艺术的展示与研究，专门开辟了 MoMA PS1（原名 P.S.1 当代艺术中心）[18]。而卢浮宫、普拉多美术馆都对古老的建筑进行了大胆的改造，优化美术馆功能，增加展厅面积。相信随着技术的进步，越来越多的以经典艺术为主要藏品的美术馆将会有更多的便利条件开展特别展览。

通常，现当代美术馆的长期陈列展展厅面积一般为短期特别展展厅面积的两至三倍，因为这些美术馆的建筑是专门为了满足现当代美术馆功能而设计建造的，能够比较好地满足不同类别展览的展示要求。值得注意的是，即使是在这样的情况下，这些美术馆的主要展厅还是用于长期陈列，严肃、精良的长期陈列展是一座现代美术馆的品质保证。一个国家重要美术馆的藏品长期陈列展览，对推动美术事业发展有着极为重要的作用，对国家、民族的文化传承与建设也具有重要作用。甚至可以认为，它是一个国家文化软实力的真实写照，它构建起连接过去与现代文化交流的现场。自 20 世纪 80 年代以来，博物馆的本质及功能发生了很多改变。1980 年版的《简明牛津词典》将博物馆定位为：“为储藏、展示能够说明与古代社会、自然史、艺术等相关物品而建造的建筑物。”2010 年，国际博物馆协会 (International Council of Museums，ICOM）如此描述博物馆：“它是为社会及其发展服务的非营利的、永久性机构。向公众开放，收藏、保存、研究、传播、展示有形及无形的人类遗产及其环境，这些活动出于教育、研究及娱乐的。”总的看来，征集、保存、保护、研究、展示等应该是博物馆功能中最基本和最被广泛认可的，这些功能也都是博物馆应该努力做好的核心业务，也是博物馆工作开展和良好运营的出发点和归宿。显而易见，三十年来，博物馆保存、保护及展示藏品等功能已得到很大的扩展，如今的博物馆已经扮演着非正式教育机构的角色，通过互动性的作品陈列及观众参观体验，为社会提供公共服务。2022 年国际博物馆协会官网发布信息，正式公布了博物馆的新定义：“博物馆是为社会服务的非营利性常设机构，它研究、收藏、保护、阐释和展示物质与非物质遗产。向公众开放，具有可及性和包容性，博物馆促进多样性和可持续性。博物馆以符合道德且专业的方式进行运营和交流，并在社区的参与下，为教育、欣赏、深思和知识共享提供多重体验。”2022 年国际博物馆日的主题为“博物馆的力量”，国际博物馆协会从三个角度定义了博物馆的力量：实现可持续发展的力量、数字化与可及性创新的力量、通过教育进行社区建设的力量。美术馆作为艺术博物馆，在其对藏品的研究、保护、展示的过程中，藏品长期陈列的重要性不言而喻。

注释：

1 “美术馆”在本文中同义于“艺术博物馆”“美术博物馆”，即 Art Gallery、Art Museum。本书所研究的长期陈列也是限定于美术馆的藏品长期陈列。

2 美第奇家族（Medici Family），或译为“梅蒂奇家族”，是佛罗伦萨 13 世纪至 17 世纪时期在整个欧洲最著名的家族，对意大利文艺复兴时期的艺术和建筑的发展起了巨大的促进作用，除了以赞助和委任艺术家进行绘画、雕刻和建筑方面的艺术创作之外，美第奇家族也进行大量珍贵艺术品的收藏，他们的收藏构成了今日的乌菲齐美术馆的核心藏品。

3 帕特里克·J. 波依兰 (Patrick J. Boylan)，英国博物馆学家。

4 严建强 . 博物馆的理论与实践 [M]. 杭州：浙江教育出版社，1998：225.

5 这座神庙建成于约公元前 10 年罗马统治时期的埃及。20 世纪 60 年代，埃及建设阿斯旺水坝，人们将它抢救出来并进行保护，后被整体搬迁至大都会艺术博物馆，并成为该馆最重要的收藏之一，在这座神庙中保存有大量精美的雕刻。

6 大约在公元前 190 年，为纪念塞浦路斯海战的胜利，罗得岛的雕塑家创作了这尊胜利女神像，把它竖立在该岛上，《萨莫色雷斯的胜利女神》便由此得名。1863 年 4 月，胜利女神像由法国领事查尔斯·尚帕佐发现并运送到巴黎。女神脚下的船头则由 1879 年尚帕佐在现场发现的大理石碎片重组而成，之后也一并运往巴黎；自 1883 年，胜利女神雕塑就在卢浮宫展出。1939 年秋，第二次世界大战爆发在即，为避免其毁于战火，胜利女神像于 9 月 3 日从卢浮宫运走，存放在相对安全的瓦朗塞城堡，恢复和平之后，才重回卢浮宫。

7 德农馆以卢浮宫博物馆第一任馆长的名字命名，建于 19 世纪中叶。

8 中国美术馆雕塑园于 2017 年设立，面积 3000 平方米，主要展示中国美术馆在雕塑领域收藏、典藏与学术研究的成果。这些藏品在中国美术馆历次重大展览中都发挥了巨大的作用，获得了观众的广泛好评。

9 成立于 1816 年的法兰西艺术院是法国最高艺术研究殿堂，其深厚的艺术积淀滋养了安格尔、莫罗、德拉罗什、德拉克罗瓦等蜚声世界的大师，是全球历史最悠久、最著名的学院之一。2000 年，吴冠中当选法兰西艺术院通讯院士，是首位获此殊荣的中国艺术家。2018 年，吴为山成为第二位当选该院通讯院士的中国艺术家。

10 新艺术主义（Art Nouveau），19 世纪后期和 20 世纪初期一种新的装饰艺术风格，并在整个欧洲和美国蓬勃发展。其影响跨越了建筑、珠宝、海报和插图等设计行业。

11 赫克托・吉马德 (Hector Guimard, 1867—1942)，法国设计师，曾经为巴黎地铁做过设计，是法国新艺术运动的一个重要艺术家。

12 马克・夏加尔（Marc chagall，1887—1985），白俄罗斯裔法国画家、设计师。他历经立体派、超现实主义等现代艺术时期与洗礼，发展出独特个人风格，在现代绘画史上占有重要的地位。

13 彼得・路德维希和伊蕾娜・路德维希这对德国企业家夫妇是世界上著名的艺术品收藏家。收藏的艺术品从古希腊、罗马时期一直到欧洲现代主义艺术，他们是全世界最大的毕加索作品私人收藏家（835 幅）。自 1957 年与科隆和亚琛的博物馆合作伊始，路德维希夫妇就不断向世界各地重要的美术馆和艺术机构捐赠自己收藏的艺术品，并且创建了二十多个以路德维希名字命名的美术馆和艺术机构。

14 中国美术馆，广东美术馆．中国美术馆藏彼得·路德维希和伊蕾娜·路德维希捐赠国际艺术作品集 [M]. 南宁：广西美术出版社，2000：12.

15 同 14。

16 数据来源：华盛顿国家美术馆、巴黎蓬皮杜艺术中心以及纽约 MoMA 的展厅平面图。

17 同 16。

18 MoMA PS1 旨在呈现当今充满实验性的，创造力的当代艺术。1976 年，PS1 当代艺术中心开设在一座废弃的罗马复兴式公立学校大楼内。1997 年 10 月，在为期三年、耗资 850 万美元的翻新之后，PS1 重新向公众开放。1999 年 2 月，PS1 当代艺术中心和现代艺术博物馆宣布合并，旨在将 PS1 保留为独立实验和探索的中心，目标是促进广大观众对当代艺术的享受、欣赏、研究和理解。为纪念 PS1 当代艺术中心与现代艺术博物馆合并 10 周年，博物馆于 2010 年更名为 MoMA PS1。

第二章

不同类型的美术馆藏品长期陈列的方式

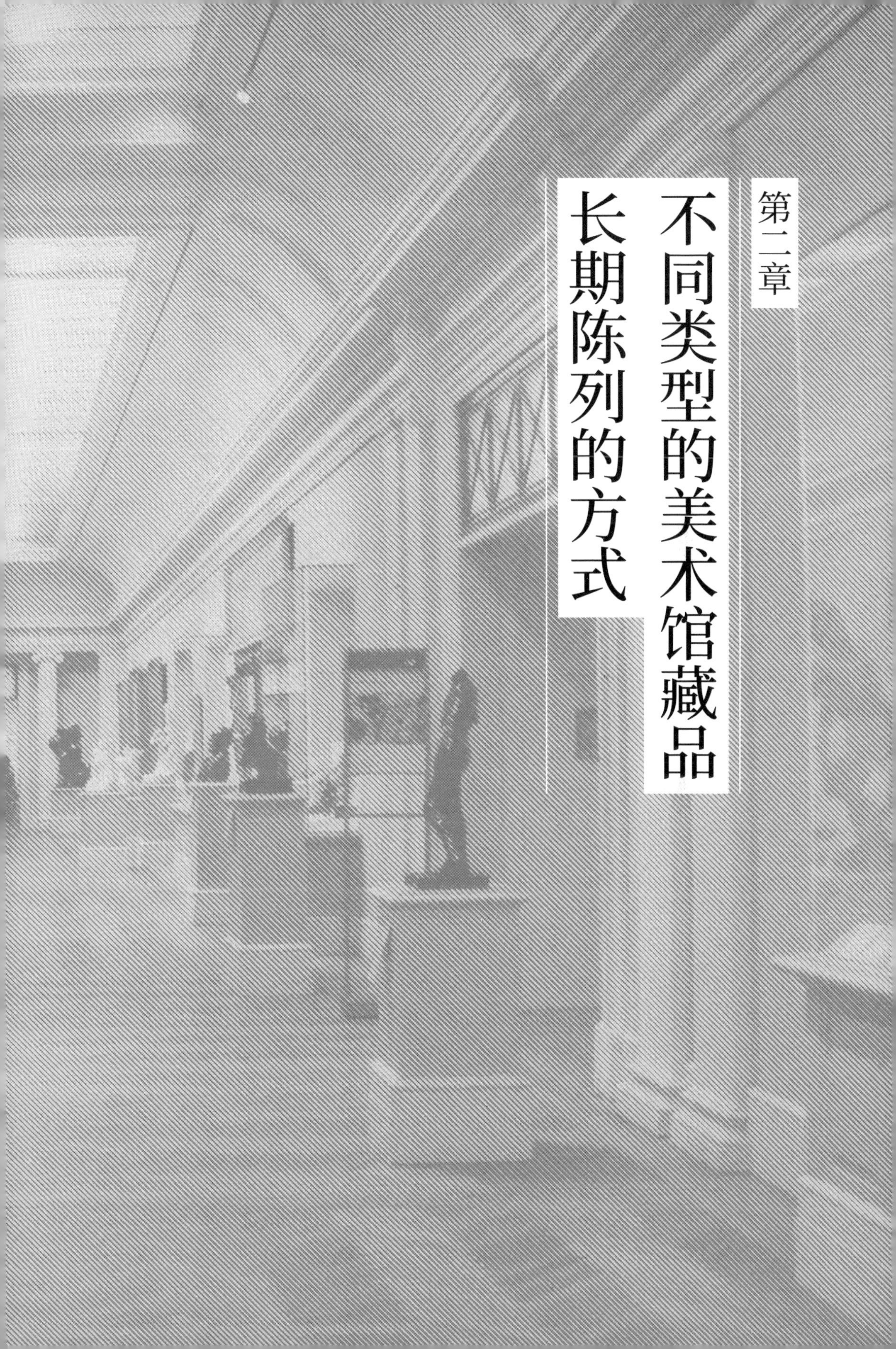

如果我们不是对每一幅画所属的国家、时代、流派和大师等有所了解，那么，大多数美术馆就会让人觉得混乱而无意义，理不出头绪。因而，对研究和充满智性的享受最有助益的，就是一种合乎历史的排列。

——黑格尔

第一节
传统“艺术史”方式的藏品长期陈列

本章将重点介绍和梳理世界范围内不同类型重要美术馆的藏品长期陈列的历史和特点，并且通过“美术馆定位及藏品构成”“引证重要论述”“陈列方式分析”“关键人物”“陈列比重研究”五个方面进行分析，希望可以呈现出美术馆在设计和制定本馆藏品长期陈列规划时的策展理念。相信通过研究这些重要美术馆藏品长期陈列方式的演进将会对藏品展览策划具有很好的借鉴意义。

“当我们步入美术馆和博物馆时，我们期待的是什么样的艺术呢？我想，我们中的大多数人去博物馆既是为了寻求艺术，也是为了寻求历史。在博物馆里我们经常面对按照线性的编年次序陈设的艺术实物，通常由埃及或希腊—罗马时代开始，逐渐过渡到当代。当然，根据博物馆的专长不同，陈列也有所不同。但是要说编年式是组织艺术品陈列的基本工具也不为过，而且我们已经看到，编年还是撰写艺术史的基本方式。”[1]

一、藏品以本国艺术为主的美术馆

米尼克·维万·德农[2]曾尝试将新开放的卢浮宫的藏品陈列布置成一种充满秩序性、教育性的且可以艺术史的方式呈现历史的发展。如何展示藏品是一个公共美术馆在面对公众开放时就要开始思考的问题。美术馆藏品的数量和特点、美术馆建筑本身和展览空间都将决定如何布局和展示（图 50、图 51）。

图 50 约翰·佐法尼（Johann Zoffany）所描绘的 16 世纪时通行的艺术品的展示方式

图 51 法国画家休伯特·罗伯特（Hubert Robert）所描绘的向公众开放之初的卢浮宫展厅

通常情况下，藏品长期陈列展是以时间顺序或者历史性叙述排列展品的。这种方式有其存在的传统，是大多数美术馆奉行的展示准则。对此黑格尔（Georg Wilhelm Friedrich Hegel）提到："如果我们不是对每一幅画所属的国家、时代、流派和大师等有所了解，那么，大多数美术馆就会让人觉得混乱而无意义，理不出头绪。因而，对研究和充满智性的享受最有助益的，就是一种合乎历史的排列。"[3]

从 16 世纪的意大利乌菲齐美术馆开始，藏品的展示就已经按照"艺术史"顺序排列，对于艺术家的选择和藏品间的组合完全是在一个历史框架的发展之中呈现的。这来自瓦萨里[4]（图 52）建立了一个准则，将他认为在历史上第一次超越古代艺术的文艺复兴盛期的伟大古典艺术家和大师们包括在内。而他的《名人传》同样提供了一种组织藏品的历史方法（图 53）。

意大利乌菲齐美术馆的藏品，涵盖了从拜占庭风格、哥特艺术、文艺复兴早期、文艺复兴盛期、矫饰主义直至 20 世纪的艺术发展的历史。其中最引人注目的馆藏是波提切利（Botticelli）（图 54）、达·芬奇 (Leonardo da

图 52 乔尔乔·瓦萨里自画像（局部）

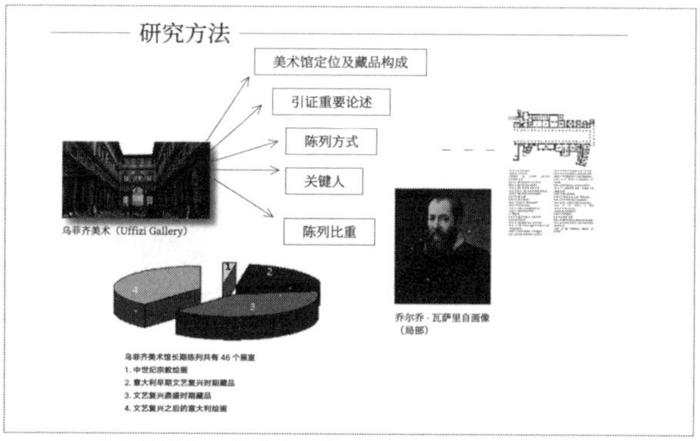

图 53 不同美术馆藏品陈列的研究方法

图 54 乌菲齐美术馆展出波提切利作品的长期陈列展厅

图 55 陈列于乌菲齐美术馆的提香的著名作品《乌尔比诺的维纳斯》

Vinci)、提香（Tiziano Vecellio）（图 55）等人的作品。它的藏品长期陈列展中绘画作品约有 1400 件，分别展示在 46 个展室中。其中大部分是 13—18 世纪意大利绘画、佛兰德斯画派、德国及法国画派的绘画。2—6 展室为中世纪宗教绘画，之后有 13 世纪托斯卡纳画派陈列，7—14 展室是文艺复兴初期的作品，15—29 展室是文艺复兴鼎盛时期作品，30—45 展室则是文艺复兴之后的意大利绘画（图 56）。乌菲齐美术馆藏品中最著名的那些绘画作品永远不对外借出。这来自两方面的考虑，一是藏品的保护问题，二是乌菲齐美术馆有来自世界各地的游客，如果人们来到美术馆时没有看到这些作品，将会十分失望。这也吸引了更多观众来到乌菲齐，只为一睹这些名作的风采。而其他作品基本每五年外借一次。乌菲齐美术馆有非常丰富的馆藏，因此会在展览项目中鼓励发现新作品，力图将更多作品呈现在展览中。

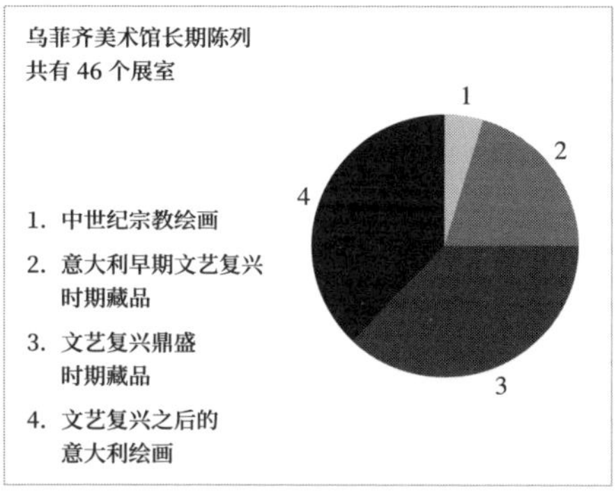

图 56 乌菲齐美术馆藏品分类

图 57 奥赛美术馆

图 58 拾穗者 米勒 奥赛美术馆藏

图 59 红磨坊街的舞会 雷诺阿 奥赛美术馆藏

法国奥赛美术馆也同样采用以艺术史发展顺序排序的藏品陈列方式。奥赛美术馆共有展室 80 个，用作长期陈列的展厅面积近 1.6 万平方米（图 57）。奥赛美术馆的藏品有 4700 余件，其中最重要的藏品是 19 世纪下半叶的法国艺术品。在美术馆两侧的展室各有 3 层。一层为 1848—1875 年的绘画作品，北侧展室陈列巴比松画派、19 世纪现实主义和印象派早期的作品，包括米勒（Jean-Francois Millet）（图 58）、库尔贝（Gustave Courbet）、马奈（Manet）等画家的作品；一层南侧陈列浪漫主义、新古典主义、象征主义等画派的作品，包括安格尔（Jean Auguste Dominique Ingres）等人的作品。二层展室中陈列有雕塑作品，包括罗丹（Auguste Rodin）等人的作品，以及 19 世纪末法国学院

图 60　俄罗斯国立特列恰科夫美术馆

派画家的作品、20 世纪初立体主义及野兽主义早期的作品。三层展出的是印象派和后印象派、纳比派绘画作品，主要为塞尚（Paul Cézanne）、雷诺阿（Pierre-Auguste Renoir）（图 59）、莫奈（Claude Monet）、梵高（Vincent Willem van Gogh）、博纳尔（Pierre Bonnard）等人的作品。印象派绘画是奥赛美术馆藏品中最重要和丰富的部分，奥赛美术馆的藏品陈列致力于为公众展现从 1848—1914 年前后，19 世纪法国艺术尤其是绘画完整的发展和演变历程。

按此方式陈列的还有俄罗斯国立特列恰科夫美术馆（图 60）。该馆的收藏以俄罗斯本国艺术作品为主，藏品涵盖俄罗斯 11—12 世纪至今的重要造型艺术。藏品分别陈列、保存在位于拉芙鲁申胡同的旧馆和克里姆林宫附近的新馆，旧馆主要展示 11—20 世纪初的作品，而新馆则主要展示 20 世纪至今的俄罗斯艺术。其中 18—20 世纪的收藏品近 2 万件，是美术馆藏品构成的核心部分。19 世纪下半叶的“俄罗斯巡回画派”藏品为美术馆最重要的收藏。在旧馆的藏品陈列展中，一层的 32 个展厅展出从 11 世纪的圣像画开始到 18 世纪的俄罗斯绘画，二层的 32 个展厅则是展出从 18 世纪后期至 20 世纪初的重要作品。

以上几个美术馆都是具有丰富馆藏的重要美术馆，通过它们对陈列展中藏品的区域划分和编排顺序，可以看出这些美术馆的藏品陈列的一个共同之处——都明确按照“艺术史分类”并遵循时间顺序进行藏品的排列展示。另外，在藏品构成方面，都是以本国艺术家作品为主兼有一定数量的国外重要艺术流派和艺术家作品。这样一来，呈现一种“可见的艺术史”便成了可能。可以说，这些藏品长期陈列已经成为经典，生活于此的民众和慕名而来的世界各地的观众、研究者将成为最大受益者。

图 61 提森·博内米萨美术馆“1980 年以来的绘画”的长期陈列

二、藏品具备“世界美术史性质”的美术馆

这一类型的美术馆的藏品长期陈列也是以艺术史的叙述方式展开，它们藏品的构成在地理属性上呈现出更大的跨度和范围。这样的藏品长期陈列需要一种更为合理，同时也更加立体的展示，即如何处理种类和数量繁多的藏品与美术馆建筑和展示空间合理的配比关系。这取决于藏品构成的基本结构和数量。例如，藏品以欧洲艺术为主，虽然涉及多国的艺术家和艺术流派，但是并未形成可以建立多个国家的“艺术史陈列”单元的美术馆（图 61）。

西班牙提森·博内米萨美术馆馆藏 800 余件绘画作品涵盖了从中世纪宗教绘画到近 20 年的当代艺术作品。藏品陈列展划分为三个部分，如果按时间顺序参观应该是三层中世纪宗教绘画、13—17 世纪早期意大利和弗兰德斯画派，

图 62 提森·博内米萨美术馆长期陈列中巴尔蒂斯的作品

图 63 提森·博内米萨美术馆长期陈列中弗朗西斯·培根的作品

画家包括卡拉瓦乔（Caravaggio）和鲁本斯（Peter Paul Rubens）；二层 17 世纪荷兰、德国绘画及法国印象派绘画；一层 20 世纪的现代主义作品，从立体派开始，包括野兽派、构成主义、风格派、超现实主义、分离画派、德国表现主义等重要的艺术流派，代表艺术家毕加索（Pablo Picasso）、达利（Salvador Dali）、米罗（Joan Miro）、蒙德里安（Piet Cornelies Mondrian）。另一部分是“二战”后至今的绘画，包括巴尔蒂斯 (Balthasar Klossowski)、弗兰克·奥尔巴赫 (Frank Auerbach)、弗朗西斯·培根（Francis Bacon）、卢西安·弗洛伊德（Lucian Freud）等人的作品（图 62、图 63）。提森·博内米萨美术馆与普拉多美术馆和索菲亚王后国家艺术中心（Museo Nacional Centro de Arte Reina Sofía）构成了马德里的“艺术金三角”，“它的藏品弥补了其他两处美术馆的不足，包括 14—20 世纪的各类画作。”[5] 提森·博内米萨美术馆的藏品虽然包含多个国家的重要流派与艺术家作品，但是在藏品的数量和构成上，并未

图 64 华盛顿国家美术馆（西馆）中庭

图 65 华盛顿国家美术馆（东馆）中庭

达到下文中将要提及的两个美术馆相同的规模与体量，所以在展示方式上也基本延续了完全以时间顺序进行排列的单线式的陈列。而当美术馆的藏品组成结构更为复杂时，巨大的藏品数量将决定美术馆采用何种长期陈列方式。

华盛顿国家美术馆分为东馆与西馆（图 64、图 65），2021、2020、2019 年的观众总量分别为 171 万人、73 万人、407 万人[6]。它的馆藏陈列涵盖 13—19 世纪欧洲各国重要的艺术流派（图 66）。西馆的主层 1—15 展室为 13—15 世纪的意大利绘画，包括安吉利科（Fra Angelico）等人的重要作品；16—28 展室为 16 世纪意大利和西班牙绘画，其中有达·芬奇（Leonardo da Vinci）的《吉内夫拉·德本奇像》、拉斐尔（Raffaello Santi）《圣母图》，29—34 展室、36—37 展室为 17 世纪的意大利、西班牙和法国及 18 世纪的意大利艺术作品；15—16 世纪著名的荷兰和德国艺术品分别陈列在 35—35A 展室和 38—41A 展室，42—51 展室陈列的是荷兰和弗兰德斯绘画；18—19 世纪的西班牙绘画陈列于 52 展室；18—

图 66　华盛顿国家美术馆长期陈列展中“后印象派绘画”展室

图 67　华盛顿国家美术馆长期陈列展中“17 世纪的荷兰绘画”展室

19 世纪初的法国绘画陈列在 53—56 展室（图 67）；18—19 世纪的英国艺术品陈列在 57、59、61 展室；美国的绘画作品陈列于 60—60B、62—71B 展室；19 世纪的法国绘画包括大部分的印象派作品陈列在 80—93 展室。另外，版画和素描作品陈列于 22—29 展室，摄影作品陈列于临街层 G30—34 展室，雕塑展厅在 G1—G21,G37—G40，同时，美术馆户外建有一个雕塑公园以展示雕塑。现当代艺术品则全部陈列在东馆，与 19 世纪的绘画作品完全分开陈列。

华盛顿国家美术馆的藏品陈列，以其丰富合理的架构，全面展示了欧洲和美国美术史的发展历程，“国家美术馆得以执行其展出、保存，以及阐释国家收藏之欧洲和美国卓越艺术作品的使命。”[7] 华盛顿国家美术馆陈列的组织方式严格按时间顺序区分作品，在历史发展中再根据同时期具有一定代表性的国家和艺术流派分列展室。这样便可以让参观者在了解艺术历史演变的同时，对不同国家之间的艺术做横向的比较和研究。这个方式可能衍生于罗杰·德·皮尔斯（Roger de Piles）[8] 在 1708 年确立的理论，他认为绘画包含四个要素：色彩、构成、构图和表达，通过比较每一个单独要素能够取得最佳的绘画学习效果。因此最好将多个艺术家、区分风格和主题并列陈设，以利于观赏者不断地比较对照。这一理论也成了美术馆工作者将长期陈列先按年代顺序，再根据流派排列的重要参考。

维也纳艺术史博物馆的作品则是先依据地域分类再排列出单个流派以便说明艺术的历史演变[9]。对于这样的拥有巨大收藏量的美术馆来说，如何完成长期陈列的规划与展览的策划，是一个巨大的挑战。这需要对艺术史和展览有深入的学术分析，对藏品构成、状况、来源有深入的调查研究，对展览的空间设计，对现有大展室的分类研究，以及对个别艺术家、捐赠作品历史、艺术流派的专室，以及其他各种不断亟待更新的问题进行整理。比如，如何将新获得的重要藏品安排在陈列之中。华盛顿国家美术馆 1984—1993 年期间每年都有 500 到 1500 件的新的艺术品成为馆藏，其中很多藏品对于更加完整地呈现艺术史是重要的补充。从另一方面讲，一个美术馆的藏品如何进行合理的组织展示，对美术馆的工作人员是一个巨大考验。因为藏品陈列需要跨学科的知识运用及专业的美术馆管理和运营的能力，尤其是艺术史与美术馆学、艺术管理等相关专业的综合运用。

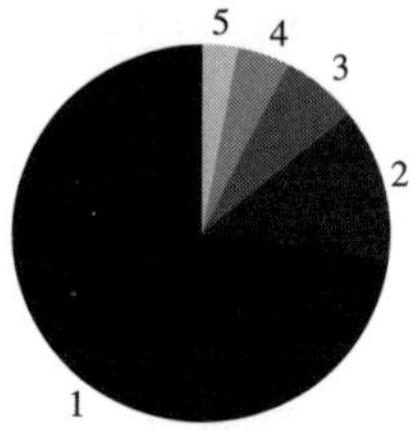

西班牙普拉多美术馆的藏品长期陈列

1. 西班牙绘画 1100-1910
（包含西班牙绘画、弗兰德斯画派 1430-1700）
2. 意大利绘画 1300-1800
3. 法国绘画 1600-1800
4. 德国绘画 1450-1800
5. 英国绘画 1750-1800

图 68 普拉多美术馆长期陈列作品类型

西班牙普拉多美术馆作为全世界最重要的艺术博物馆之一，早在 2013 年的参观人数就超过 300 万[10]。作为收藏西班牙艺术品最著名的艺术博物馆，其收藏的重要绘画作品超过 8000 件，包括文艺复兴时期的意大利绘画和弗兰德斯画派的大量作品，以及法国和英国绘画，荷兰 17、18 世纪绘画，德国和尼德兰的艺术作品。普拉多美术馆依照时间顺序组织长期陈列（图 68）。按照顺序依次是，底层（0 层）的 15—16 世纪的绘画和雕塑，17—18 世纪的绘画在一层，另外一部分 18 世纪的绘画在二层。藏品结构可以分为：西班牙绘画作品、意大利绘画作品、法国绘画作品、德国绘画作品、英国绘画作品，以及雕塑、版画等艺术品。

西班牙绘画作品包括从 12 世纪的罗马壁画到 19 世纪戈雅（Goya）的作品。在西班牙画家的藏品中以埃尔·格列柯（El Greco）、委拉斯贵支（Velazquez）最为丰富，这一部分的陈列有底层 24 个展厅、一层 27 个展厅、二层 10 个展厅，大约占全部展厅的 60%，其中格列柯的作品占了 3 个展室（8B—10B），委拉斯贵支的作品占有 7 个展室，作为西班牙最伟大的艺术家之一，整个美术馆的中央展厅（12 展厅）完全属于他，《宫娥》就在此展厅居中那个远远就可以看到的位置。戈雅的作品拥有 9 个独立的展厅，其中 67 号展厅陈列着戈雅“黑色绘画”时期的 13 件组画，64—65 厅则陈列着《马德里 1808 年 5 月

图 69 普拉多美术馆陈列戈雅名作的展厅

图 70 普拉多美术馆

3 日》（图 69）。

意大利绘画藏品包括弗拉·安吉利柯（Fra Angelico）、拉斐尔（Raphael Sanzio）、威尼斯画派，以及卡拉瓦乔（Caravaggio）等人的作品，陈列在 14 个展厅内。

西班牙绘画、弗兰德斯画派（1430—1700）的重要收藏，分布在两层的 11 个展厅。法国绘画（1600—1800）分布于 4 个展厅。德国绘画（1450—1800）分布在 2 个展厅。英国绘画（1750—1800）陈列在 1 个展厅。16—19 世纪的 220 件雕塑作品分别陈列于底层 7 个展厅，另外还有 1 个展厅陈列素描和版画作品。普拉多美术馆在对委拉斯贵支和西班牙绘画作品的陈列方式上呈现出两点思考：一是如何展示本国最重要的艺术家作品，二是如何组织和分配

本国艺术与外国艺术的陈列比重。（图 70）

从以上两个美术馆陈列区域的划分，可以看出他们在藏品构成复杂程度以及所涉及的国家和地域范围更大，基于馆藏的丰富性，在时间演进的大顺序之下又同时将不同国家和地域的艺术作为一个整体单元陈列，在此单元之中，再以时间顺序进行艺术家和重要流派的个案展示。这种展示方式拥有悠久的传统，卢浮宫的展品陈列也同样如此：

“大宫画廊长 1200 英尺，包括九个壁间，到 1811 年拥有约 1200 幅画作。德农按流派将作品分置于不同壁间。四个壁间展示意大利流派，展示的作品仅举几例说，有 25 幅拉斐尔的、24 幅提香的、15 幅委罗内塞的、10 幅丁托莱托的、7 幅列奥纳多・达・芬奇的。北方流派也占据了四个壁间，展示了 600 幅荷兰、弗兰德斯和德国的绘画作品，其中包括 54 幅鲁本斯的、33 幅伦勃朗的、15 幅荷尔拜因的和 14 幅范戴克的。可以想象这里提供了观摩每个流派的机会并使观摩者能够体察艺术的历史进程。一个流派中独个艺术家的作品的系列展示也使得人们能够比较、理解艺术家的涉猎范围和演变历程。”[11]

这种长期陈列方式的发端，我们甚至可以追溯到更远，“在 18 世纪 70 年代的杜塞尔多夫，人们尝试在不同展厅里展出，以界定弗兰德斯画派和意大利画派的异同。在 1780 年早期的维亚纳，米歇尔将华丽的巴洛克展厅转化成了也许是第一个艺术通史的美术馆。”[12]“卢浮宫大宫画廊的方案启用于 1779 年，大体上采用了新的方式即按流派和年代排列艺术品。1790 年末卢浮宫在大宫画廊的后部沙龙画廊展出法国流派的作品，排列在法国流派后边的北方和意大利流派的作品，每个流派中艺术家以年代顺序排列组合。作品的排列又与瓦萨里或文艺复兴准则保持了一致。”[13]追随卢浮宫所践行的力求实现一种“可见的艺术史”的长期陈列的方式，无论是对于普通参观者还是专业的研究者来说，无疑都提供了一种最适合理解艺术的方式。这种在时间循序中将美术史叙述和专题展厅的集合，令美术馆庞大的收藏展示出了清晰的艺术史架构，确实为公众提供了更容易接受和欣赏的展览现场。

三、藏品具备展现“世界艺术通史”陈列的美术馆

纽约大都会艺术博物馆一层的长期陈列展（图 71）有：美国馆，陈列美国绘画、雕塑及装饰艺术；武器及盔甲馆，主要陈列 15 世纪伊朗和小亚细亚穆斯林盔甲、日盔甲等；非洲、大洋洲及美洲艺术馆，陈列公元前 2000 年到 20 世纪期间的金属及手工制品；服装研究所，陈列 16 世纪至今的服装收藏；埃及艺术馆，陈列公元前 5000 年至公元 400 年的 36000 件展品；欧洲雕塑及装饰艺术馆，陈列雕塑、家具、珠宝和手工制品；希腊罗马艺术馆，主要陈列雕塑和手工制品；罗伯特·莱曼收藏品展厅，陈列 1300—1500 年间的意大利油画、印象派和后印象派绘画；中世纪艺术馆，陈列 4—16 世纪各种制品、雕塑等；现代艺术馆，陈列自 1900 年以来的油画、雕塑、设计和建筑藏品。（图 72）

二层的长期陈列展有：美国馆，陈列美国绘画、雕塑及装饰艺术等；古巴比伦馆，陈列亚述、小亚细亚的金银器、首饰等；中国艺术馆，陈列 5—15 世纪中国佛教雕塑、陶、青铜器、玉器、古代书画、园林、家具；塞浦路斯艺术馆，陈列史前时代到罗马时期的雕塑等；素描和版画馆，陈列 15—19 世纪的素描和版画；欧洲绘画馆，陈列文艺复兴以来至 18 世纪的欧洲绘画；以及伊斯兰艺术、日本艺术、朝鲜艺术、现代艺术、乐器、19 世纪欧洲绘画和雕塑，从法国浪漫主义到后印象派的丰富收藏；摄影、南亚及东南亚艺术。

庞大的 22 个部分组成了大都会艺术博物馆的长期陈列。几乎每一个单独的部分都是一个小的美术馆，可以独立存在。它已经成为艺术百科全书或者是世界艺术通史的陈列，而并非像以绘画和雕塑收藏为主的美术馆一样陈列。在大都会艺术博物馆，时间顺序只存在于每一个大的部分的陈列之中，至于是先观看中国艺术还是欧洲绘画完全在于参观者自己的意愿。“从主入口进去往左，是去看希腊的雕刻和陶瓶，或者，是走上大台阶去看欧洲古代绘画大师的作品，这是博物馆的核心。朝左走经过一个版画展厅就到了伊斯兰展区。往尽头走就到了一个新的展厅，专门展示现代主义艺术。走下楼梯，则是非洲和大洋洲艺

图 71　大都会艺术博物馆藏品长期陈列展厅

图 72　大都会艺术博物馆一层大厅

图 73　大都会艺术博物馆藏品长期陈列展厅

术的展厅。但是，如果，进来时就往右走并坐电梯到地下室，你就进入了陈列时装的新展厅。”[14] 选择从哪个部分开始不再是一种限定。这样的陈列方式可以说是散点性的，这也基于它的藏品的数量。（图 73）

卢浮宫的对社会开放，在世界美术馆发展的历史上具有里程碑意义。卢浮宫作为法国皇室的王宫，从皇宫到美术馆走过了近两个世纪的历程。1793 年 11 月 18 日，卢浮宫作为博物馆正式对外开放，开放之初，每 10 天为一个周期；前 6 天向艺术家和外国人开放，后 3 天向国民开放，最后 1 天闭馆进行维护。1798 年，卢浮宫举办大型仪式，庆祝拿破仑（Napoléon Bonaparte）在远征意大利时期运回的战利品进入卢浮宫。卢浮宫的大长廊也因此得到了翻新的机会，

图 74 卢浮宫的长期陈列“17–18 世纪法国绘画”

图 75 卢浮宫《蒙娜丽莎》作品前的观众

开放了古代厅，并且在 19 世纪时，进行了大规模的改造。1802 年，维万 · 德农被任命为中央艺术博物馆馆长，这个中央艺术博物馆馆长的管理范围包括卢浮宫博物馆及其他三个博物馆。今天的卢浮宫是全球最受欢迎的艺术博物馆，观众量在 2021 年、2020 年、2019 年分别有 283 万、270 万、960 万 [15]。卢浮宫将古埃及艺术、11—15 世纪西班牙雕塑、12—16 世纪北欧雕塑、11—15 世纪的意大利雕塑、古罗马雕塑，以及卢浮宫历史馆陈列在地下一层。底层（0 层）分别设置了陈列 17—19 世纪雕塑、16—19 世纪意大利雕塑、古埃及艺术的主题展厅，还有 15—19 世纪法国雕塑、美索不达米亚艺术、伊朗艺术展厅等。这两层基本上是卢浮宫藏品中除绘画之外艺术品的集合，在时间上也大多集中在文艺复兴之前，在地域上基本上涵盖了各个时代的全部国家和地区。这样的划分和大都会艺术博物馆有一些明显的不同：大都会艺术博物馆并未将绘画的陈列与其他艺术的陈列在楼层上做明显的区分。这与建筑和空间有一定的关系，但主要还是由藏品构成决定的。卢浮宫的绘画藏品足以支撑起两层楼的展厅，作为世界最著名的美术馆，其在美术馆的历史和藏品丰富性上是其他美术馆无法比拟的。（图 74、图 75）

卢浮宫一层最为重要的藏品位于中亚大厅和阿波罗厅及旁边的展厅，陈列着 13—18 世纪的意大利绘画、威尼斯画派众多杰作、19 世纪法语区绘画，我们所熟知的卢浮宫最著名的藏品大多集中于此，也是卢浮宫绘画陈列中最精彩的部分。关于这一部分，早在 1881 年，贝德克在导览中就这样介绍：沙龙……约 70 码，建于亨利四世年间，1661 年被烧毁，路易十四在位时重建。夏尔·勒布伦设计，但是他在装修还未结束时就过世了，接着就被搁置了一个半世纪，于 1848—1851 终于装修完毕。它是卢浮宫最美的大厅，也被认为是世界上最美的大厅之一。其名字来自中央天顶画，该画为德拉克洛瓦所作，再现的是“阿波罗征服皮同”，为一幅构图和着色极为上乘的作品（1849 年）[16]，“那种想要获得视觉的愉悦和陈列的对称性的欲望压倒了艺术的历史性展示的承诺”[17]，也造就了“世界上最美的大厅之一”。

这一层另两部分则是完整的中世纪、文艺复兴、法国七月政权至拿破仑三世时期的装饰艺术，埃及、希腊、亚洲艺术。

二层则是弗兰德斯画派、17 世纪的荷兰、18—19 世纪德国、15—16 世纪尼德兰、17—18 世纪法国的绘画、版画和素描展厅。大都会艺术博物馆和卢浮宫等最著名的博物馆藏品陈列展示的组织方式虽不尽相同，但是他们的长期陈列都努力将美术馆变成教育机构，担负道德使命和审美教育，是培养民族自豪感并提高民族威望的理想之地。

第二节

现代与革新——其他方式的藏品长期陈列

我们试图保持一种表现现代艺术运动整体风貌的、世界的、艺术史的概念。

——阿尔弗雷德·巴尔

美术馆的发展在最近 20 年形成了一种更为革新的态势，这基于现代主义运动以及战后艺术的发展、各种思想和美术馆理论的完善。美术馆的改变，带动了藏品陈列展览方式的新的实践，这样的姿态也与以现当代艺术收藏、展示、研究为职责的美术馆的身份相吻合。

一、纽约现代艺术博物馆

作为美国最重要的现代美术馆，MoMA 在经过四年、耗资 8.58 亿美元的历史上的第三次改造后，在 2004 年 11 月 20 日重新开放。这一天也是 MoMA 建馆 75 周年纪念日。MoMA 从 1929 年成立至今，藏品已达 150000 件之多，涵盖绘画、雕塑、摄影、印刷品、设计、电影、建筑、家具及装置艺术和其他艺术形式。这次之前的扩建发生在 1984 年，这次的扩建，无论是展示空间还是对陈列展的规划，都为今天的藏品陈列展提供了最初的参考。当时有一段对

图 76　MoMA 的藏品长期陈列

于新开馆的 MoMA 长期陈列展（图 76）的描述：

绘画与雕塑的展厅位于原馆建筑的花园大楼二层电梯的尽头。说明标志指示着人们穿越陈列馆，从东边的后印象主义、野兽主义、立体主义（特别是毕加索的作品）、未来主义作品展厅经过楼梯廊厅进入西翼，到达宽敞的马蒂斯陈列馆，接着是巴黎流派系列陈列馆，里面有更多的毕加索、达达和超现实主义、德·希里柯和米罗的作品。二层楼梯井墙壁上挂着俄罗斯流派如马列维奇和利西茨基的作品。到了三层往西走穿过 20 世纪 20 年代美国艺术展厅霍珀、韦思等到达美国艺术主义展厅，展示着杜比菲、波洛克的作品。[18]

1984 年，MoMA 按媒介不同设立 6 个不同的管理部门：绘画部、雕塑部、素描部、版画和书籍插图部、建筑与设计部、摄影、电影与录像部，每个部门拥有自己的预算和独立的由托管人和赞助人组成的购买委员会，来进行对新艺术的收藏、展示和研究工作。第一任馆长阿尔弗雷德·H. 巴尔（Alfred H. Barr, Jr）（图 77）掌管期间，MoMA 得到迅速的发展，如在 1935 年成立的电影资料馆，是世界上第一个致力于研究 20 世纪艺术形式的影视部门。今天的 MoMA 的藏品陈列展延续了过去艺术史展示和分类，尤其在 1880—1970 年的绘画和雕塑部分，但与此同时，美术馆策划团队将下面两层展厅加入了当代艺术和主题展，以及围绕藏品而经常策划特展的两个展厅。现在藏品陈列在二层至五层。二层是全面的当代艺术收藏（1980 年至今），然后是三个部分藏品的展示，分为版画与插图、媒体艺术、特展。三层分成四部分展示：建筑与设计、素描、摄影、特展。四层全部展室为 1940—1970 年的绘画与雕塑，五层为 1880—1940 年间的绘画与雕塑，这两层的藏品也是 MoMA 在建馆之初积累的最重要的关于现代艺术的藏品。可以看出，MoMA 的陈列展更加多元与开放。正如巴尔最初设想“我们试图保持一种表现现代艺术运动整体风貌的、世界的、艺术史的概念”。

图 77　阿尔弗雷德·H. 巴尔（Alfred H. Barr, Jr）

以 MoMA 为代表的现当代美术馆在新的历史条件下需要面对更多的关于如何呈现藏品陈列展新问题（图 78）。例如，各种新的艺术形态如何进行展示和收藏，并且通过长期陈列展能够让观众和专业的研究者在展览中得到更多的新的知识和艺术体验；如何通过藏品长期陈列展的方式参与到美术馆自身的建构和公共教育之中；新形态的艺术在美术馆的展示与现代主义和更早一点的艺术是如何实现彼此之间更好的过渡。正如 MoMA 新设立的“当代艺术陈列”

图 78 MoMA 的藏品长期陈列展厅

是区分于1970年之前现代主义绘画和雕塑的，策划部门考虑到装置、影像和“现成品”的“花样繁多”的艺术形态与现代主义绘画“同处一室”会增加观众理解和接受本来就艰深的现当代艺术的难度。新 MoMA 的策展人约翰・艾德菲尔德[19]说：“新的绘画和雕塑展览，将不是严格编年式的，但仍置于历史考量中。因为 MoMA 的收藏是唯一能对现代艺术的历史提供概要性总结的收藏。我们当然要通过最佳作品来提供历史性的观点。”这不会限于对种种“主义”的论述，但也不会彻底抛弃这些有助于理解的东西。对于在陈列展之中加入特展的方式，艾德菲尔德说：“我们的展览方式不会再使人误以为现代艺术是单线发展的，新馆中会出现那些独立构思并着重于某一单个主题的展览，呈现其最辉煌时期的成就。”[20]同时，MoMA“近 30 年左右的当代艺术部分”的展厅也不完全以时间顺序来进行排列展示，而是更加倾向于客观和记录性质的展示，这一部分的陈列更多是提供多种的“艺术样本”，而不是仅提供对观念和历史的描述。这样的藏品陈列方式也逐渐被更多的现当代美术馆接受并实践。

MoMA 在 2019 年 10 月 21 日完成了最新的建筑和空间改造。此次项目由 Diller Scofidio + Renfro 工作室[21]负责。该工作室是由伊丽莎白·迪勒（Elizabeth Diller）、里卡多·斯科菲迪奥（Ricardo Scofidio）、查尔斯·伦弗洛（Charles Renfro）和本杰明·吉尔马丁（Benjamin Gilmartin）共同创办于 1981 年，是一家专注于城市文化和公共项目的建筑设计工作室。此次改造耗资 4.5 亿美元，改造完成后，MoMA 的展示空间在原来基础之上增加大约三分之一，并且丰富了空间的使用方式和功能流线，整体风格沿袭了现代主义设计，在立面上使用了更多的玻璃幕墙，将 MoMA 的一楼大厅和一部分室内空间展现出来，让观者在没有进入美术馆前就可以欣赏一部分艺术作品和建筑本身，并且增加了地下一层的空间，使得一楼售票大厅和负一楼美术馆纪念品商店在空间上融合在一起，又很好地分散了功能空间和人流量，增加了整体空间的流动性和开放感。新馆很好地连通了 MoMA 著名的雕塑公园，内外空间的更加开放让这个在纽约市中心最繁华地段的美术馆建筑彰显出与众不同。与此同时，MoMA 在固定陈列之中也增加了新的藏品，给已有的藏品以新的展示空间，并且增加了装置作品、影视音像等新媒体展示。

以往 MoMA 主要以现代艺术收藏品为主，但经过本次扩建，展出了大量的当代艺术藏品和很多新锐艺术家的作品。如一层的一系列结合现代科技与社会现状的作品，还有迈克尔·阿米蒂奇(Michael Armitage)等新锐艺术家的特展。

二层到五层都是独立的主题展厅，从当代艺术到印象派和表现主义等，沿着展厅和楼层回溯艺术史，同时还展示了不同地区的艺术家对于自己国家的社会和历史所做出的艺术表达。例如，207 主题展厅展示了几位来自中国的艺术家的作品，208 展厅是以“True Story”为主题的 20 世纪 90 年代美国艺术家对身体、性别等问题的讨论。特别值得一提的是博物馆的陈列也不再单纯以一个风格、一个时期分类，而是将不同时期的作品进行跨越历史时空的对话。其实，此次重新开放的 MoMA 并非只是扩建这样简单，毕竟，如今的观众希望在美术馆可以有更多元、更艺术的观展体验。馆藏对于一个美术馆的重要性不言而喻，是一个美术馆的形象和立馆之本，但展出的藏品永远只能占馆藏总量的一小部分，以什么样的标准去选择展出的馆藏作品，就成了关键。而这个标准，很可能几十年都不会改变。MoMA 这次改建的重中之重，便是大规模地重置了馆藏展厅，重新整合并增加了更多开放性和先锋的艺术，每隔 6—9 个月系统性地轮替馆藏展厅中的部分艺术作品。这是一个巨大的工作量，MoMA 绘画与雕塑部门总策展人安·特姆金（Ann Temkin）说："我们的座右铭就是，为更多的人提供更多的工作。从西方中心走出来，向南走，向东走，向世界各地曾经被忽略的艺术之处走。"一系列来自哥伦比亚、阿根廷、塞拉利昂、摩洛哥、波兰和罗马尼亚等地的艺术家作品得以展示，还新设立了一个用于展示中国当代艺术的永久馆藏展厅。

另一个改变是当代语境下的现代艺术史叙事，梵高（Vincent Willem van Gogh）的《星夜》，莫奈（Monet）的《睡莲》、毕加索的《亚维农少女》、安迪·沃霍尔的《金宝汤罐》，那些耳熟能详的 MoMA 必打卡之作依然在固定陈列中，只不过，他们换了"邻居"，作品间的重新陈列组合提供了全新的观展语境。

重新开放的馆藏展厅中，美术史的时间线路（图 79、图 80）依然存在：五层的馆藏展厅展出的是从 19 世纪到 1940 年的作品，四层是 1940—1970 年的作品，二层则是 1970 年后至今的作品。观众在参观过程中，很快就会发现原来的艺术史陈列发生的一些变化：在这条现代艺术史的游览主线上，充满了意想不到的小径和风景插曲。比如，在原来展示毕加索名作《亚维农少女》的展厅（图 81）里，增加了非裔美国当代女艺术家费思·林戈尔德（Faith Ringgold）的作品，这件作品在尺幅和充满张力的视觉语言上，都与《亚维农少女》相呼应，在某种意义上它暗示出了毕加索这件作品中反映的关于女性、身份、殖民等主题。MoMA 在 2016 年收藏了这件作品，第一次展出时只是在过道的一面墙上，而如今，它与艺术史上最著名的画作之一放在一起，打破了

图 79 2006 年 MoMA 展出梵高名作《星夜》时的展厅

图 80 2006 年 MoMA 展出毕加索名作《亚维农少女》时的展厅

图 81 2019 年 MoMA 展出毕加索名作《亚维农少女》的展厅

年代、流派、评判框架，也放大了策展理念，好像在告诉所有观众：看看历史中有多少相似，看看一个艺术家是如何影响了另一个艺术家，看看艺术是如何身处于自己的时代。这是大胆尝试，也体现了革新的理念。在馆藏展示的重新设计上，除了拓展展厅空间，策展人也更加注重对不同地域、风格、媒介的艺术家作品进行重新编排、组合。如此一来，观众对作品解读的方式就会丰富起

图 82 梵高的《星夜》（The Starry Night，1889）和亨利·卢梭的《沉睡的吉普赛人》（The Sleeping Gypsy，1897）并置在一起

图 83 亨利·马蒂斯的《红色工作室》（The Red Studio，1911）旁边，展出了阿尔玛·托马斯（Alma Thomas）的《炙热的日落》（Fiery Sunset，1973）

来，观众在其中的感受也会更多样。同时，特别值得一提的是，MoMA 此次特地为超现实主义的作品开辟了很大一块空间，展示玛格里特、达利、弗里达等人的作品。

MoMA 此次还特意将弗里达的作品旁设置了一面镜子，而镜子对着的就是卢梭（Henri Julien Félix Rousseau）的名作《梦》（The Dream Poster）。观众在梦幻的丛林里和弗里达对话，非常有意思。这次全新改造后的 MoMA 为观众提供了更多的视角，希望每一个观者不仅看到自己期待的著名作品，还可以看到更多样性的作品并展开思考和探讨。（图 82、图 83）

除了在展览和空间上的改变，MoMA 还提高了长期陈列作品的更换频率，每隔 6—9 个月，系统性地替换馆藏展厅中的部分艺术作品；一层免费开放，包括临街展厅、全新商店，以及艾比·奥尔德里奇·洛克菲勒雕塑花园（Abby Aldrich Rockefeller Sculpture Garden）；延长了开放时间，提早到每天上午 10：00，并会在每个月的第一个周四，延长至 21：00 闭馆；MoMA 会员可以在 10 月 13、14、19 日，提前进入美术馆，体验全新展馆带来的非凡现当代艺术之旅。

图 84 蓬皮杜艺术中心售票区

图 85 索菲亚王后国家艺术中心 老馆

同样，巴黎蓬皮杜艺术中心也在现代和当代艺术之间进行了全新的长期展陈列的布置。在顶楼，观众会看到还是依时间排列的 20 世纪上半叶最杰出毕加索 (Picasso)、布朗库西（Constantin Brancusi）和马蒂斯（Matisse）的作品，而走下楼后则会看到波伊斯（Joseph Beuys）等人的作品。（图 84）

二、索菲亚王后国家艺术中心博物馆

马德里索菲亚王后国家艺术中心博物馆（图 85）（Museo Nacional Centro de Arte Reina Sofía）的藏品长期陈列分为三个部分。

第一部分为“入侵 20 世纪艺术：乌托邦和冲突（1900—1945）（The lrruption of the 20th Century:Utopias and Conflicts，1900—1945）”，这一部分包含始于 19 世纪末的众多艺术运动：立体主义、达达主义、超现实主义等的重要作品，以此展示在那个激荡的、充满变革、冲突且进步的现代社会中，艺术运动为艺术世界内部带来的自身革新和发展，以及新的艺术主题对于欲望、社会和潜意识的表达。这一部分的作品是美术馆藏品中最重要的部分，也是西班牙艺

图 86 格尔尼卡 毕加索 布面油画 349cm×776cm 1937 索菲亚王后国家艺术中心藏

术在现代主义运动中的最重要的体现。毕加索的《格尔尼卡》（图 86）和达利的超现实主义作品是其中的核心。它们位于 Sabatini Building[22] 的二层的全部展室，每一展室也都有小主题，如 202 展室为自由艺术、超现实主义和魔幻主义（Words in Freedom.Srrealism and Magnetic Fields），203 展室为西班牙新文化，在流行与当代之间（The New Culture in Spain.Between the Popular and the Modern）。第二部分为“战争结束了？分裂世界的艺术（1945—1968）（Is the War Over?Are in a Divided World,1945—1968）”。这一部分在 Sabatini Building 的四层，主要为战后及 20 世纪 60 年代的世界艺术。这一部分展现了在战后世界新格局下，艺术在动荡和纷争的社会之中的存在。这一部分也同样分布在各个展室，分成各自小的主题，涵盖绘画、电影、雕塑、装置和摄影等。（图 87、图 88）

第三部分为“从反抗到后现代（1962—1982）（From Revolt to Postmodernity）”，这一部分在 Nouvel Building[23] 的 0 层和一层（图 89）。这一部分纳入了很多新的展品，包括大量文献、实物和档案，陈列空间的维度被再次激发，这一部分的展厅会让观众感受到 MoMA“近 30 年至今的当代艺术”和蓬皮杜现代艺术中的当代艺术陈列中很多相似的气息，同时，“表演艺术”等也成了展

图 87　索菲亚王后国家艺术中心 展厅

图 88　索菲亚王后国家艺术中心 新馆一隅

图 89　索菲亚王后国家艺术中心“From Revolt to Postmodernity”的陈列

图 90　泰特现代美术馆的涡轮大厅

示一部分。在此陈列中，藏品已经不只是可以用过去方式定义和计数的，一件作品可能是由 20 件文献和手稿构成的，一件作品也可能在展览结束后就“不再存在”。

三、泰特现代美术馆

伦敦泰特现代美术馆（Tate Modern）的藏品长期陈列更加彰显了革新的色彩，在很多相关讨论中泰特现代美术馆此举都被视作美术馆进入新世纪前卫姿态的佐证（图 90）。2000 年，当新的泰特现代美术馆在伦敦开馆时，许多人认为它标志着英国艺术界发生了翻天覆地的变化。媒体将此描述为：泰特现代美术馆从一座废弃的发电站转变为深受人们喜爱的英国文化灯塔。其中著名的涡轮大厅（The Turbine Hall）作为泰特现代美术馆标志性的后工业时代展览场地，在最近十几年间向外界呈现了多个备受瞩目的年度艺术项目，已经成为泰特现代美术馆持续吸引观众前来参观的重要原因。新馆开馆后的第一场展览来自路易丝·布尔乔亚（Louise Bourgeois）[24]的《我做、我毁坏、我重做》（I do, I undo, I redo），她的想象力和作品让整个涡轮大厅充满了艺术的图景，标志性的巨大“蜘蛛”呈现在发电站的理性现代空间中。将如此大尺度的雕塑放在美术馆内的想法是由建筑本身的规模决定的。第一场开馆展的艺术家选择，意在给泰特现代美术馆打上全新的标签，而不是模仿此前已备受关注的纽约现代艺术博物馆或古根海姆美术馆。事实证明，这是一个非常成功的策略。而在此后的2002年，安尼施·卡普尔（Anish Kapoor）[25]的展览《马西亚斯》（此展览的名字取自提香的作品“The Flaying of Marsyas”），艺术家在涡轮大厅里安装了一个巨大的红色聚氯乙烯装置，体量大到无论在美术馆任何一个位置都不可能看到它的全部。2003年丹麦艺术家奥拉维尔·埃利亚松（Olafur Eliasson）[26]在泰特现代美术馆的“气候计划（The weather project）”更是吸引超过200万人到场参观，艺术家将“天空”带入泰特美术馆，空间布满云彩，还有永不落幕的灿烂“太阳”。室内闪烁的阳光使涡轮大厅充满了梦幻与敬畏的氛围，屋顶上的镜子扩大和扭曲了空间，观众躺在混凝土地板上感受埃利亚松在美术馆里创作了一场幻境，涡轮大厅也变成了一个排演的剧场。“沉浸式”展览的序曲就此奏响，此后一系列更为大规模地集合了更多领域的跨界“沉浸式”展览在全球各地美术馆不断上演，尤其是在近几年，融合了虚拟现实、全息影像等各种集合新媒体新技术和最新科技成果的跨界展览已经成为普遍大型艺术展的标配。2019年泰特现代美术馆以年参观者609万人次已成为世界上参观人数最多的现当代艺术博物馆。（图91）

标新立异的展览理念并非仅体现在年度大型展览中，也体现在长期陈列展

图 91 泰特现代美术馆建筑

中。泰特现代美术馆的长期陈列展并未按传统的时间顺序和艺术流派进行组织，而是颠覆性地完全依照主题选择藏品，冲破了“现代艺术史”的种种“限定”，用一种被称为“革命式”的方式展示现当代艺术。可以说在陈列展中没有任何的时间顺序，而是充盈着过去与现代的对峙。例如，其藏品陈列的四个部分分别是：历史 / 记忆 / 社会，裸体人像 / 行动 / 身体，风景 / 材料 / 环境，静物 / 实物 / 真实的生活。莫奈的《睡莲》与理查德・朗（Richard Long）创作于 1991 年作品在一起，马蒂斯的青铜雕塑《珍妮特》(Jeanette）的旁边是马琳・杜马斯（Merlene Dumas）表现女性躯体的绘画……这种强调在同一主题之下，制造“超越时间和空间”的作品之间的“对话”，为藏品长期陈列展的策划寻找到了新的可能性。可以说在这种新的陈列方式中，“把这些作品联系起来的唯一因素就是主题，当然，再有就是它们都属于泰特现代美术馆的收藏。这些画过去被陈列在不同的艺术史‘叙述’和呈现框架内。采取新的陈列方式并不是因为艺术的历史发生了改变，而是因为在我们这些现代观看者和往昔之间出现了新的对话。继续以小说为比方，我们的叙述线索告诉我们当下的关心所在。举例来说，我们可以说，主题陈列表明了眼下的事实：我们对作品是由谁完成的，也就是对艺术家不再那么关心了，而且也突破了将艺术品仅仅和它的制作者联系起来的观看传统。与此相似，我们还可以得出结论，像这样把女性题材集中起来陈列是对女性在艺术世界中所扮演的角色的重新检验”[27]。（图 92）

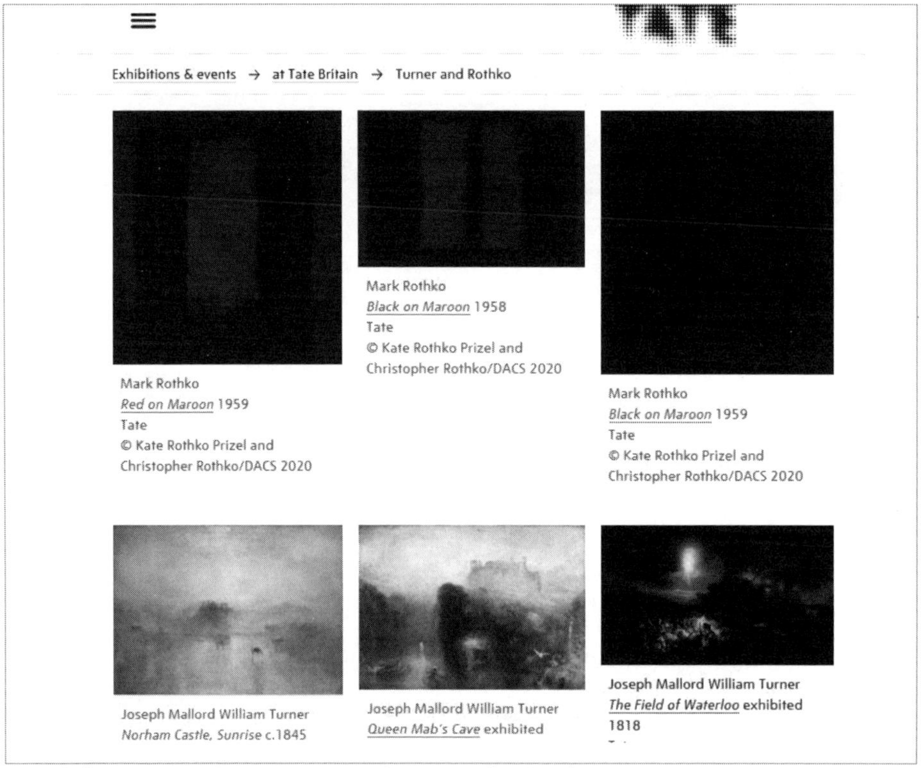

图 92 泰特现代美术馆的藏品展“透纳和罗斯科”，此时正在展出的特展是“透纳的现代世界”“TURNER'S MODERN WORLD”

可以说，这样的陈列方式与美术馆的策展人制度建立有一定的关系，展览呈现的方式也更像是大型的双年展或文献展。而事实上这样的陈列方式也确实得到了很多人的认可和欢迎。在开馆之初的 2012 年，英国泰特现代美术馆的参观人数达到 530 万人，创 12 年来参观人数的新高。同年，有超过 1400 万的全球艺术爱好者访问了美术馆的官网，其中许多人甚至从未进过展厅[28]。新展览陈列方式无疑成为话题并吸引了观众的关注，激活了参观者的想象力和感受力，这对于传统式的藏品长期陈列来说确实是带有革新性质的一次重要转变。从另一方面看，这样的方式对于观众的理解力又是一种挑战。有评论就曾对此表达过担忧："对于现代艺术来说，泰特的方式并不完全是好事。如果博物馆中没有对于现代艺术历史的一种连贯描述，那么一个博物馆便和公众产生了隔阂。现代艺术是艰深的，许多人都因为这一艰深的性质而被排斥在外。而在泰特，没有提供观众任何历史线索，使一般人很少能对现代艺术的微妙差异有所认识。"[29]

泰特现代美术馆未必能够长久地保持住它的吸引力。它在大众眼里到底是美术馆还是一个新艺术的试验场还有待证明。作为当代艺术剧场和试验基地，它很成功，但是作为一个给人们解答诸如毕加索为什么在现代艺术史上占据了很重要的位置这类问题的场所，它却很失败。[30] 但从打破固有的长期陈列结构和模式来看，这样的展览姿态是具有先锋色彩的大胆尝试，尤其是对于年轻的参观者具有较强的吸引力，也是美术馆将自身对于"现代艺术史观"的怀疑转变成展览方式的体现。它也反映出当代艺术对于历史的态度和信条：基于对欧洲中心主义的批判，对任何历史不过是人的诠释而并非客观的意识，对于现代性作为一种信仰已不复存在的意识，必须承认那些无法被装进现代主义框架中的艺术家们。[31]

这样的陈列方式一方面建立了一种超越"主义概念"的作品间的相互碰撞和对话的情境，以此来为观众提供一个更加自由的体验空间，另一方面回避了一些现代美术馆在展示藏品的艺术史观时，居高临下地教育观众而不够亲近的姿态。在泰特现代美术馆馆长的表述中，我们也可以感受到这种姿态转变，克里斯 · 德尔康 (Chris Dercon)[32] 说：“美术馆成为人类公共生活的另一个表达空间”。他坚持认为，美术馆在当今社会的职责早已超越艺术范畴：“我们通过社交媒体与观众展开广泛讨论，许多人在泰特参观后会向我们提出一些与艺术看似完全无关的问题。”他指出，作为全球著名美术馆的馆长，他的责任不只是策划一场展览那么简单，更重要的工作职责在于，要让人们更好地去了解越来越复杂的世界：“我们必须面对一个事实，即个人越来越渺小，世界却越来越膨胀，人类要在两者间寻求平衡。泰特的目的是吸引更多的观众走进美术馆，并在众多艺术作品中寻找‘我是谁’的答案。这也正是我工作的意义所在。”[33]

注释：

1 阿诺尔德 . 博物馆与艺术史展现 [J]. 万木春 , 译 . 新美术，2008(1)：51.

2 米尼克 · 维万 · 德农 (Dominique-Vivant,Baron Denon, 1747—1825) , 法国艺术家、作家、政治家、考古学家。随拿破仑远征埃及 , 在埃及考古学的早期发挥了十分重要的作用。是卢浮宫首任馆长 , 任期为 1798—1807 年。

3 黑格尔 . 美学：第 2 卷 [M]. 朱光潜，译 . 北京：商务印书馆，2011：807.

4 乔尔乔 · 瓦萨里（Giorgio Vasari，1511—1574），文艺复兴时期意大利画家和建筑师。1560—1574 年，他主持设计建成乌菲齐宫。他所著的《名人传》中第一次正式使用“文艺复兴”一词，并提出可按 14、15、16 世纪划分美术发展的阶段，对后来的艺术理论研究影响很大。

5 Museo Thyssen-Bornemisza. Spain.info. [2012-10-28].

6 数据来源：世界主题乐园权威研究机构美国主题娱乐协会 (Themed Entertainment Association，TEA) 与 AECOM 经济咨询团队联合发布《2021 年主题公园和博物馆报告：全球主要景点游客报告》(TEA/AECOM Theme Index Museum Index 2021: The Global Attractions Attendance Report)。

7 引自《华盛顿国家美术馆地图和参观指南》简史部分。

8 罗杰 · 德 · 皮尔斯（Roger de Piles），法国艺术理论家。

9 艾因瑞恩胡弗 . 美国艺术博物馆 [M]. 金眉，译 . 长沙：湖南美术出版社，2007：22.

10 数据来源：西班牙《国家报》。

11 艾因瑞恩胡弗 . 美国艺术博物馆 [M]. 金眉，译 . 长沙：湖南美术出版社，2007：27.

12 麦克莱伦 . 创造卢浮宫 : 艺术、政治和 18 世纪巴黎现代博物馆的起源 [M]. 剑桥：剑桥大学出版社，1994：4.

13 艾因瑞恩胡弗 . 美国艺术博物馆 [M]. 金眉，译 . 长沙：湖南美术出版社，2007：22.

14 卡里尔 . 博物馆怀疑论：公共美术馆中的艺术展览史 [M]. 南京：江苏美术出版社，2009：102-103.

15 数据来源：世界主题乐园权威研究机构美国主题娱乐协会 (Themed Entertainment Association，TEA) 与 AECOM 经济咨询团队联合发布《2021 年主题公园和博物馆报告: 全球主要景点游客报告》(TEA/AECOM Theme Index Museum Index 2021: The Global Attractions Attendance Report)。

16 贝德克 . 巴黎和市郊 [M].141.

17 麦克莱伦 . 创造卢浮宫 : 艺术、政治和 18 世纪巴黎现代博物馆的起源 [M]. 剑桥：剑桥大学出版社，1994：140.

18 艾因瑞恩胡弗 . 美国艺术博物馆 [M]. 金眉，译 . 长沙：湖南美术出版社，2007：180.

19 约翰 · 艾德菲尔德（John Elderfield）自 1975 年起就在 MoMA 从事策展工作，2003 年他接替柯克 · 瓦尔纳多（Kirk Varnedoe）担任 MoMA 的策展人，主要负责绘画和雕塑的策展工作，2008 年 7 月退任。

20 引自国际先驱导报 2004 年 11 月 23 日“英美艺术博物馆两强对话”。

21 Diller Scofidio + Renfro 工作室总部设在纽约，是一家跨越建筑、城市设计、装置艺术、多媒体表演、数字媒体和印刷等领域的设计工作室。

22 由 18 世纪的中心医院改建，1988 年向公众开放的老馆。

23 2005 年 10 月开放，由法国建筑师让 · 努维尔设计的面积 8000 平方米的新馆。

24 路易丝 · 布尔乔亚 (Louise Bourgeois，1911—2010)，法裔美籍雕塑家、画家、批评家与作家。

25 安尼施 · 卡普尔（Anish Kapoor），1954 年出生于印度孟买，印度裔英国艺术家。

26 奥拉维尔 · 埃利亚松（Olafur Eliasson），出生于 1967 年，在冰岛和丹麦长大，其创作涉及装置、绘画、雕塑、摄影、影像等诸多领域。

27 阿诺尔德 . 博物馆与艺术史展现 [J]. 万木春，译 . 新美术，2008(1)：57.

28 数据来源：泰特现代美术馆年度报告。

29 同 20。

30 邵亦扬 .Tate vs MoMA：现代博物馆面临新挑战 [J]. 中国美术馆，2005(3)：113.

31 同 30。

32 克里斯 · 德尔康 (Chris Dercon) 出生于比利时，在阿姆斯特丹学习过艺术史、戏剧与电影理论，2011 年担任泰特现代美术馆馆长。

33 泰特美术馆馆长德尔康：不断探索博物馆的未来形态 [N]. 中国文化报，2011-11-11（007）.

第三章 藏品长期陈列呈现的新特点

现代艺术博物馆不是一个静止不变的机构，而是应像生活本身一样不断变化和发展。

——彼得·路德维希

上一章主要介绍了欧美重要美术馆的藏品长期陈列展的基本方式，这些不同的陈列方式体现了不同的美术馆对于长期陈列展览在认识上的区别。从展览的策划理念上看，“传统”的美术馆更注重对于“艺术史”发展的内部历程的呈现，即“不仅仅只是展示外在的历史”[1]。这样的展览叙述对于有一定艺术史基础的参观者来说，更加容易理解美术馆“设计”藏品序列的初衷，所以“艺术史”叙事实际上构成了美术馆展示藏品与观众对话之间的一个基础。美术馆在藏品长期陈列展中想要阐释的任何内容都将通过观众对于既有“艺术史”和美术馆陈列的“设计”之间反复地比较和印证的过程，进而产生生成“新知”的可能。如果没有“艺术史”作为结果的参考系存在，那无论是以时间顺序的藏品陈列，还是以“主题”性质的藏品陈列都将失去形成向观众阐释的基础。正如观众在参观华盛顿国家美术馆时，从 53 展室进入到 18 世纪的法国绘画展厅依次走到 56 展室，实际上是对法国绘画从新古典主义发展到后印象派的这一段完整“艺术史”从“文本的抽象理解”转化为“可见的艺术史”的印证过程。

观众可以在柯罗（Jean Baptiste Camille Corot）的作品和马奈的作品之间寻找关于绘画的改变，同样可以将这种“看”到的改变同过去在书本上读到的描述进行比较。而当观众在泰特现代美术馆看到莫奈的作品与理查德·朗的作品陈列在一起的时候，相信也一定会对美术馆的这种新的藏品排列进行思考，而这就使观众在认识到新的陈列方式与常规艺术史顺序陈列存在明显区别的基础之上，进而产生重新理解并颠覆原本的“固有概念”的可能性。所以说伊万·卡斯克尔（Ivan Gaskell）[2]谈及艺术品“并置可能产生意义的方式”，“没有对象是被孤立感知的，而任何特定对象的感知极大地受到其他对象并置的影响，这是美术馆布展实践中不言自明的道理”[3]。这就形成了一种对于藏品长期陈列的展示方式和思路上的新的启示。以艺术史作为参照的藏品陈列展的目的实际上并不是用展览来兑现艺术史的发展，而是将展览作为有可能与艺术史重新发生作用并由此拓展或激活观众新的认知和判断。这构成藏品长期陈列在组织和设计过程中的一个目标。这也基于观众与美术馆之间的一种新型关系形成：“展览正日益带来多重视角。博物馆中心观念的演进——从藏品到信息和教育，从学习到体验——折射出从专家控制到观众控制的逐渐变化。传统上的博物馆控制着藏品和解释，现在却是观众在控制他们自己的体验。”[4]

合理和适度的阐释与体验成了美术馆藏品长期陈列新的课题。以艺术史的发展和时间顺序的陈列和不以时间顺序的“主题”陈列，都不应再将对观众的说教和阐释作为最终目标，而应修复美术馆与观众之间的关系，将藏品长期陈列变为一个更有可能为观众提供发现和体验之旅的展示空间。如何实现这一更为平等和有益的展示？本章将通过对现代美术馆在藏品陈列环节中对藏品、展示、建筑、空间、辅助、其他等方面所做出的各种改变和探索进行整理归纳进而分析其背后的生成逻辑。

第一节
藏品展示的内在逻辑与秩序

一、为公众提供教育、欣赏、深思和知识共享等多种体验

“绘画作品的陈列方式，纺织品和墙面的运用，绘画作品间的相互关系，它们既是感受和审美层面上的问题，也是政治和文化问题。”[5]

对藏品的大量研究和对藏品现状的调查是策划藏品陈列展的一个基础性工作。任何美术馆的展示空间都不可能容下它所有的藏品，应该选择哪些藏品来组成长期陈列展是一个极为现实的问题。就像任何一个展览的策划一样，应该选择哪些艺术家和作品来构成这个展览，是对一个策展人的挑战。泰特现代美术馆长期陈列的展品有 606 件，以它的藏品数量和足够大的展示空间来看，这些展品是经过慎重选择的。这既要考虑藏品自身的状况，比如是否适合在展厅内进行长时间的展览，又要考虑这些藏品是否适合出现在这个陈列之中。泰特现代美术馆馆长尼古拉斯·瑟茹塔指出：“我们的目标应该是给参观者创造条件，从而在特定空间、特定时间里去发掘特定绘画、雕塑或装置艺术的内涵。而不仅是让他们觉得自己是站在历史的传送带上。”[6]展览中展出哪一件藏品，是一个需要研究和讨论的重要问题，每一件展出的藏品应该准确地出现在展室中，而不应该是过于随意性的或缺乏目的的陈列。大卫·卡里尔对于一个不成功的

图 93 普拉多美术馆藏品长期陈列中对提香和鲁本斯作品的展示

藏品陈列展览如此描述："正如一本顺序很乱的书令人头疼一样，一个过渡关系很差的美术馆也是令人疲惫不堪的。"[7]所以，寻求建立一种藏品之间的内在逻辑关系的展览布置，以此来解决长期陈列中选择展出哪件藏品以及如何安排它在陈列展中的位置，便成了美术馆如何更好地为观众提供一个具有启发和体验特性的藏品陈列的关键。例如，在普拉多美术馆的藏品陈列中，1600—1700 年的意大利绘画在 25—27 展区，这也是连接中庭的大长廊。而与其紧邻的是 28、29 展区的 1600—1700 年的弗兰德斯绘画，这样的陈列正是试图为公众呈现此时的意大利绘画与弗兰德斯绘画之间的关系，观众可以反复行走于威尼斯画派与巴洛克绘画之间，探究提香对鲁本斯的影响。而紧邻这两部分陈列的便是 1550—1810 年的西班牙绘画，格列科的三个展厅就在意大利绘画展区的旁边，三部分之间的内在逻辑为观众欣赏和研究这段绘画历史提供了充分的可能性。同样，藏品之间的内在逻辑就在这样的序列中展开，从而有效地支撑起一个大的单元。举一个例子，还是在这个意大利绘画与弗兰德斯绘画的展区之中，提香（Tiziano Vecelli）创作于 1550 年的《亚当和夏娃》的旁边就是完全相同的构图和内容的另一件《亚当和夏娃》，而这件是鲁本斯（Peter Paul Rubens）的作品（图 93），这样的并置的意图显而易见，是要展示出鲁本斯作为提香的追随者，他的绘画与提香的作品之间具有哪些相关性和差异性。

这样的例子还有很多。“在克利夫兰，当你退后之后看卡拉瓦乔（Michelangelo Merisi da Caravaggio）的《在十字架上被钉死的圣安德鲁》时，你的目光穿过下一个展厅，远远地可以看到普桑（Nicolas Poussin）的《台阶上的圣家族》。普桑说过一句有名的话，卡拉瓦乔来到这一世界上为了毁灭绘画。这样的布展促使人反思相互的竞争。在你转过身去时，你看到的则是丁托列托（Tintoretto）的《基督受洗》，因而，会思考卡拉瓦乔的威尼斯渊源的重要性。在《在十字架上被钉死的圣安德鲁》的右边是他的追随者乔治·德拉图的一幅画。因此，对卡拉瓦乔在艺术史上的地位的阐释就隐含在这一展厅的组织之中了。博物馆对展品的精心组织将有助于人们寻找诸如此类有的放矢的视觉联系。”[8]

美术馆藏品长期陈列的策划与展示反映了美术馆工作人员对艺术史和美术馆功能的理解与认识的水平。实际上“展示是参观者和博物馆机制的分界面。在博物馆内，员工的专业和能力必须满足参观公众的期望……”[9]对于参观者而言，美术馆藏品陈列的有序组织并不会阻碍他们对于藏品的理解，也并不属于“过度的阐释”。相反，藏品之间内在关联性的建立，将有助于观众更好地观看和研究这些艺术。美术馆对于藏品的研究理解和展示需要面对公众、研究者和艺术家们。当一件藏品在一个展厅的特定位置展示的时候，美术馆应该清楚这个位置对于这件作品意味着什么。

每一件藏品除了拥有它作为一件艺术品的“历史”之外，同时还具有它的“展览的历史”，例如，“20世纪60年代，布置在纽约现代艺术博物馆通往二层入口处的《格尔尼卡》（图94）叙述的是现代主义历史的一个片段，引领人们走向抽象表现主义艺术。今天，《格尔尼卡》在马德里的索菲亚王后国家艺术中心博物馆里则是另一个故事的组成部分了，该博物馆与陈列着戈雅的《1808年5月3日》(The Third of May 1808）的普拉多美术馆相距不远。在中

图 94 索菲亚王后国家艺术中心陈列《格尔尼卡》的展厅

性化的背景布置之间有时也会形成一种对比，这种布置展示的是艺术的原本面貌，而作品的悬挂是为了引发描述性的阐释。”[10]

藏品的展览史也同样构成人们对这件作品、艺术家，甚至是一段艺术史的再认识，这些对于研究者来说会提供更多的具有启发意义的信息。敏锐的研究者已经开展了类似的工作，“美术史研究在此期间的一个新课题是展览和美术馆的历史。从事这种研究的美术史家希望通过分析美术馆和陈列方式的历史演变，说明艺术品意义及其与公众关系的变化。通过这种研究发掘出历史上对于引进新型美术馆和陈列方式有贡献的个人，对其历史作用给予客观的评价。”[11]美术馆的陈列方式可以影响人们对于艺术和美术馆的观看和思考，如果美术馆提供的是一个具有启发性质的藏品陈列，那对藏品合理适度的阐释无疑为观众和研究者的思考带来积极的现实意义。

图 95　中国美术馆外景

二、国际视野下的中国美术馆藏品展览

中国美术馆作为中国唯一的国家造型艺术博物馆，收藏古今中外各类美术作品 13 万余件，其中国际美术藏品约有 4000 件，涵盖油画、版画、雕塑、摄影等各种媒介。近年来，更是通过“国际交流展系列”以展带藏不断丰富国际优秀艺术作品的收藏。而今，中国美术馆的国际美术藏品已经涵盖了五大洲的 60 余个国家和地区，其中不乏 20 世纪以来的现代主义各个阶段不同流派的大师名作。这无疑为从国际艺术史视角策划藏品展览，为中国观众欣赏和研究 20 世纪以来中西方艺术发展提供了宝贵的机遇。（图 95）

作为中国美术馆“典藏活化”系列展，“艺心同音——国际视野下的中国美术馆藏作品研究展”（图 96）依托于丰富的典藏资源，通过展览对经典藏品

图 96 “艺心同音——国际视野下的中国美术馆藏作品研究展”展厅

进行新的研究和阐释，为公众营造一个启发新感知、获得新知识的空间，此展览同时荣获“文化和旅游部 2020 年全国美术馆青年策展人扶持计划入选项目”。这个展览在策划中有许多新的尝试，比如打破以往通常按地域、媒介和时间分类陈列的方式，以建构“超越时间与空间”的国际美术藏品与国内经典藏品间的对话为策展理念。通过“自然之景”“时代之眼”“绵延之维”三个部分，呈现不同国家和地域的艺术家们在面对风景与记忆、历史与现实、传承与创新中和而不同的共同理念：对于永恒之美的追求、艺术规律的探索和人类命运的关注。

展览的第一部分“自然之景”单元，首先探讨了风景画的主题，以及中西方艺术家创作观念的异同。回顾西方绘画的历史会发现，18 世纪后期的欧洲在“如画”美学和浪漫主义文学的影响下，风景绘画逐渐发展为独立的主题，“如画美”成为与崇高、优美并列的美学范畴。而到了 19 世纪，英国透纳等

图 97　香港码头　陈抱一
油画　72cm × 90cm　1942
1964 年陈绿妮捐赠　中国美术馆藏

图 98　西湖风景　关紫兰
油画 52cm × 58cm　1929
中国美术馆藏

风景画家的崛起，让风景画上升到与同时期历史画、肖像画等主题绘画同等重要的地位。到了印象派时期，风景更是成为当时绘画中最重要的主题之一。西方油画传入中国之初，关于风景绘画的艺术观念也在中西融合的时代命题中不断发展，并且由此展现出风景画丰富的发展脉络。展览从中国美术馆以风景为主题的藏品中遴选了 10 位中外艺术家的 15 件作品，包括油画、摄影和水彩。分别探讨了中外艺术家如何观看和描绘“自然”这一主题。美国艺术家安塞尔・亚当斯（Ansel Adams）和郎静山两位摄影艺术家的作品为我们展示了东西方艺术观念的异同。而回到中国，皆是对山川之景的描绘，刘海粟和苏天赐的绘画是对 20 世纪中西融合这一时代命题的不同探索。其次，展览还尝试从具体的艺术语言切入，探讨绘画和摄影对画面中光线的处理和表现，展出了吴作人的《高原傍晚》、陈坚的《祈祷》等作品。俄罗斯画家西多罗夫（Valentin Sidorov）的《古老的伏尔加河》、法明（Pyotr Timofeevich Fomin）的《初春》和我国第一代油画家陈抱一的《香港码头》（图 97）、关紫兰的《西湖风景》（图 98）等作品中可以看到中西方艺术家们虽身处不同地域和国度，但在对自然的表现和情感的表达上却有着相近和相通的理念，这成了他们作品中共同的价值

图 99“艺心同音——国际视野下的中国美术馆藏作品研究展”展厅

呈现。

第二部分“时代之眼”单元，展览主题引用了英国艺术史家米歇尔·巴克森德尔（Michael Baxandall，1933—2008）艺术理论中一个重要的观念。“时代之眼”1972 年在其专著《15 世纪意大利的绘画与经验》中作为第二章的标题被正式提出。“时代之眼”后来成为社会艺术史的一个经典主题，将研究的视野从单一的艺术分析框架中转移，用跨学科的方法向社会与文化方向迈进，这对之后的“新艺术史”研究产生了深远影响。（图 99）

展览呈现了身处社会变革之中的中外艺术家用艺术对现实和历史进行的深刻表现。展览选取了 13 位中外艺术家的作品，包括油画、中国画、版画和综合材料。艺术家的敏感和他们所具有的悲天悯人的心境也许正是他们创作的一

图 100 暴风雨　李瑞年 油画　65cm×80cm　1944
2010 年廖先庄、李楯、李蒂雅捐赠

种灵感。在王悦之的作品《燕子双飞图》中，我们可以感受“燕燕于飞，下上其音”的思念之情。置身于当时战乱动荡的历史环境之中，作为个体存在的女性又尤其无奈。俄国画家特克乔夫兄弟的作品在这一主题的表现上更加直接，且充满悲剧的力量，他们的作品中没有修辞和委婉的表述，而是直接透过油画的材料，用伤感的色调、干枯的笔触直指残酷的现实。虽是身处不同国家的艺术家，但是，在同一历史苍穹之下，现实带给艺术家的思考却无限地接近，王悦之、特卡乔夫兄弟的作品展示了艺术家对战争中个体境遇的关注和人文关怀。

陈秋草的油画《堑上花》、李瑞年极具象征意义的作品《暴风雨》（图 100）

图 101 德累斯顿 戈特佛理德·赫冷魏恩
综合材料 167cm×271cm 1992
1996 年路德维希夫妇捐赠 中国美术馆藏

图 102 沙尘暴之履涉 钟涵
布面油彩 120cm×176cm 2006-2008
2013 年艺术家捐赠 中国美术馆藏

图 103 轨迹中的拉奥孔 鲁道夫·豪斯纳
水质颜料、油质颜料、硬木板 210cm×185cm
1969 — 1976 1996 年路德维希夫妇捐赠
中国美术馆藏

以及奥地利艺术家戈特佛理德·赫冷魏恩的作品《德累斯顿》（图 101），均表现了战争带给人们创伤和那个凝固的历史时刻，他们作品并置展出形成了微妙的对话关系，同时也深刻地展现出第二次世界大战中，被战争深深重伤的两个国家的艺术家的反思。钟涵的作品《沙尘暴之履涉》（图 102）探讨了自然与历史之间的关联，奥地利艺术家豪斯纳的作品《轨迹中的拉奥孔》（图 103）则在绘画中探讨了当今人类对技术过度依赖潜在的危险性，靳尚谊的油画作品《惊恐的妇女》表现出了笼罩在现代战争阴影之中的女性的惊恐的神情，画家巧妙地捕捉到这样一个瞬间，如同维米尔（Jan Vermeer）的《戴珍珠耳环的少女》一样，带

图 104 艺心同音——国际视野下的中国美术馆藏作品研究展展厅

给我们瞬间即是永恒的审美感知。而德国艺术家里希特的《胡贝尔拉特附近的埃费尔风光》为我们展示了他记忆里德国莱因平原的风景。这些作品在新的策展语境中，在同一主题下，展开彼此之间的“对话”，由此呈现出作品新的内涵和启示。（图 104）

展览第三部分“绵延之维”则引用了 20 世纪初法国著名的哲学家、法兰西学院院士柏格森（Henri Bergson，1859—1941）提出的一个重要概念。“绵延”意味着连续性、永恒性。这一概念的发展将艺术史研究引向更具有辩证色彩的维度：重视艺术现象和发展、重视彼此间的融会贯通和内在的有机联系。这一部分

图 105　无题　朱德群　中国画　137cm×70cm　2008
2010 年朱德群捐赠　中国美术馆藏

遴选了 13 位艺术家的 18 件作品，涵盖油画、雕塑、中国画和摄影，意在回归艺术本体，探讨风格、媒介、传承、创新等主题。其中，中国近代留法艺术家作品之间的对照揭示了艺术史内在的时间性和互文作用。中国与法国是两个有着悠久历史与灿烂文明的国度，同时也有着深厚的文化和艺术渊源。尤其是近代以来，中国现代美术的发展和早期留学法国的艺术家更是有着千丝万缕的联系，展览中林风眠、滑田友和秦宣夫的作品带给我们展示了这一段珍贵的美术史中的留法记忆。在展览中还展出了克洛德·阿巴吉（Claude Abeille）、朱德群、吴冠中、吴为山院士的作品（图 105、图 106、图 107）。熊秉明的雕塑有着深厚的中国文化传统内涵，同时吸收了西方文化精华，在国际上享有盛誉。他们的作品在语言风格上既传承了古典艺术的精神内涵，又在现代性的转化上进行了深入的探索。展览让我们可以在作品中及艺术家的交往中找到许许多多共同的艺术追求和文化理想，他们之间如同知音相伴，汇成了中西文化交融的优美和声。正如贡布里希（E.H.Gombrich）在《艺术的故事》一书中所描述的“艺术史是各种传统不断迂回、不断改变的历史，每一件作品在这历史中都既回顾过去又导向未来”。（图 108）

当然，这样的策展理念也同样适用于国际交流语境下的藏品展览策划。例如，

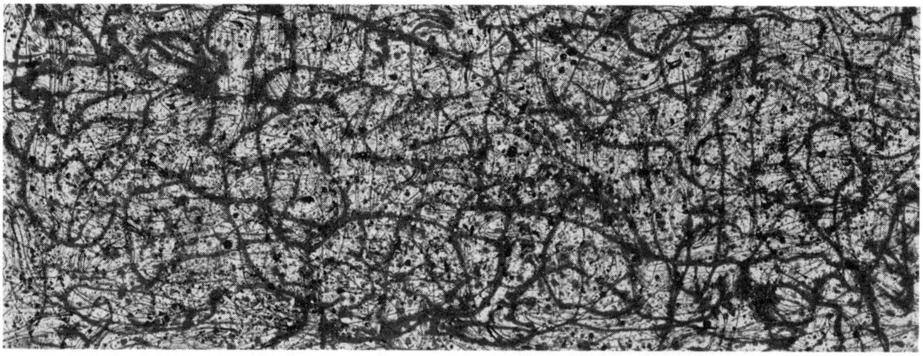

图 106　逍遥游　吴冠中　中国画　145cm×368cm　1997　2000 年吴冠中捐赠　中国美术馆藏

图 107　睡童　吴为山　铸铜　雕塑　11cm×7cm×6cm　1998
2017 年吴小平、吴霜捐赠　中国美术馆藏

图 108 “艺心同音——国际视野下的中国美术馆藏作品研究展”展厅

2013 年是中国和西班牙建交 40 周年，在两国政府的大力支持下，举办了一系列精彩的文化交流活动。2012 年春天，“从毕加索到巴塞罗——20 世纪西班牙雕塑艺术展”在中国美术馆成功举办。作为回访，中国美术馆精心策划了“新境——中国当代艺术展”，向西班牙人民介绍中国艺术的时代变迁和丰富的创造成果，此展作为两国建交 40 周年的重要文化交流项目，于 2013 年 10 月 15 日至 2014 年 1 月 5 日在西班牙马德里孔德杜克中心进行了为期三个月的展出，深受西班牙观众喜爱。这次展览以中国美术馆的藏品为主，遴选了改革开放 30 余年来具有代表性的中国画、油画、雕塑、装置及摄影艺术作品。展览以“时代变迁”“诗意自然”“多元探索”三个部分呈现出中国艺术家在极为丰富的社会生活面前，用自己独特的视角感受现实，在继承传统的基础上吸收外来艺术经验，所形成的多样化的艺术观念和形式风格。

图 109 钢水 · 汗水　广廷渤
布面油彩　260cm×168cm　1981　中国美术馆藏

第一部分“时代变迁”主要展示了中国艺术家对民族命运的深刻思索以及对社会现实的敏锐观察，他们以重大的社会事件或者生动的现实景象为题材，真切地记录中国的社会现实和人的思想情感。这些作品大多手法写实，冷静客观地反映改革开放以来当代中国的丰富面貌。展出包括何多苓的《春风已经苏醒》、广廷渤的《钢水 · 汗水》（图 109）、王少伦的《1978 年 11 月 24 日 · 小岗》等 22 件作品。其中，不乏以反映改革开放为主题的重要藏品。例如，在 1984 年的第六届全国美展中的获得优秀作品奖的王岩的《春风吹来的时候》，此作品也成为王岩艺术创作中重要的代表作品。当时中国社会伴着改革开放的春风，呈现出一片欣欣向荣的景象。王岩正是在这样的背景之下完成了这

图 110 “新境——中国当代艺术展”在西班牙马德里孔德杜克中心展出

件作品。画面所描绘的是农民们在田地里耕种的生活景象，前景中三个主体人物的塑造会让观者联想到米勒的《拾穗者》，这虽然是一个普通的乡村生活场景，没有宏大叙事的场面，但却以朴素的情怀和浪漫诗意的艺术语言，准确地表达出中国社会改革开放这一巨大变革所带给人们生活生产上的改变，以及内心对于未来充满的无限憧憬和希望。而像《春风已经苏醒》这件被誉为“伤痕美术”“乡土写实主义”的经典作品，曾刊登在 1982 年的《美术》杂志的封面，得到了美术界和全社会广泛的关注与讨论。作品所呈现出的气息，似乎正与中国社会在经历了寒冬之后，即将迎来万物复苏的“春天”这样的历史情境相吻合。（图 110）

第二部分“诗意自然”主要展示了中国当代艺术家以“自然”为主题的艺术创作。其中既有对传统中国山水画精神继承与发扬的经典作品，亦有以新的绘画方式进行“风景绘画”当代探索的新作。这些作品为我们提供了一个很好的可以对传统与当代、东方与西方绘画及艺术观念进行比较的契机。对“写意性”

图 111 马德里孔德杜克中心外景

和“意境”的重视是中国画家在艺术创作中尤其是风景主题的绘画中特别关注的一点。这一部分的作品有吴冠中的《春雪》等 18 件。《春雪》“采用中西融合的手法，表现雪山初融、万物复苏的景象，清雅的笔墨流淌着诗意的情怀，充满生命律动的线条和黑白灰的块面形成极具形式美感的画面”。另外，在油画部分，王克举的《太行九曲》是 2007 年秋天画家在太行山大峡谷石板岩乡的现场写生。色彩是他作品中最精彩的部分，他未被现实景物的固有色所束缚，通过重新构建画面的色彩关系，创作出充满画意、气韵生动的绘画语言。他以写生这种创作方式与自己独特的绘画语言完美结合。“写生”在新中国的美术教育的历史中一直占有举足轻重的地位，但是伴随着“图像时代”到来，画家对于照片和现成图像的使用已然成了“既定法则”，同时也日益呈现出片面追求图像化和观念化趋向的单一趋势。而这件作品从另一方面也很好地回应了当代油画创作与“写生”的一种新的关系。（图 111）

第三部分“多元探索”则展示了中国当代艺术富有活力的艺术探索态势和

异彩纷呈的多元景观。在全球化的语境中，中国艺术家以更为开放的胸怀将自身的创作纳入世界的格局，他们将本土的文化传统与西方的艺术资源有机结合，以传统艺术的当代转型、文化的全球化与现代性为思考的核心，显露出强烈的变革意识与探索精神。这部分作品有庞均的《黄色的点、线、面》、孟禄丁的《元速》、丁乙的《十示》等20件。《十示》是画家1999年之后将荧光色彩融到绘画中的一件作品，荧光色彩的加入为他的作品增加了更多关于都市气息的传递。另外，对于材料运用的革新也一直反映在他的绘画当中，他积极地尝试将作品绘制在各种不同的材料之上。《黄色的点、线、面》对于探索油画的“写意”与“构成”进行了大胆的尝试，呈现出充满中国传统意趣、格调的画面气息。庞均出生在艺术世家，浓厚的家学传承和艺术熏陶给予他优越的文化滋养和艺术启蒙。美术学院的学习又为他后来的艺术发展打下了良好的基础。他的作品兼有深厚的中国传统文化的学养与现代主义绘画的优长，将中国的写意精神融入自己的油画创作之中，形成了独特的绘画语言。对于静物的描绘经

图112 “新境——中国当代艺术展”在西班牙马德里孔德杜克中心展出

常出现在他的作品之中，画面中的花及桌布和背景协调的统一的暖灰的色调中，整体与局部色彩关系的微妙处理体现了画家过人的色彩修养。（图 112）

三、以创新理念策划馆藏作品展览

同样，在针对藏品的学术展览策划中，也应该重视展览主题的逻辑和展出作品之间的关系。作为中国美术馆建馆 60 周年系列展的首展，“美在致广——全国小幅美术精品展”（图 113、图 114、图 115、图 116）汇集了中国美术馆馆藏、特邀艺术家作品，以及面向全国征集评选出的小幅美术作品近千件，涵

图 113 “美在致广——全国小幅美术精品展”展厅

图 114 排队参观展览的观众

图 115 “美在致广——全国小幅美术精品展”展厅

图 116 “美在致广——全国小幅美术精品展”展厅

盖中国画、油画、版画、雕塑、水彩等各个艺术门类。该展以新颖的策展理念，使展览的学术性与大众性有机融合，将平时少有机会集中展示的小幅美术作品纳入学术研究范畴，为广大观众呈现优秀艺术作品的同时，以学术展览引导美术创作新风。分析展览主题、策展思路、层次结构和展陈设计，可梳理、研究此次展览的多重价值和意义。

1. 彰显小幅美术作品独特美学意蕴

关于小幅作品的美学意蕴，唐代诗人杜甫论山水画有言："咫尺应须论万里"[12]，即古人在咫尺方寸之间，以"行万里路""搜尽奇峰"的创作方式，描绘了中国独有的、超越时间与空间的壮丽河山。可见，小幅画创作，小的是尺寸，大的是品格，是艺术境界，更是超然精神。然而，观察当下的美术创作，在一些全国性大展中，艺术家多钟情于绘制尺幅巨大的作品，而少有小画出品。大幅作品固然具备气势与力量，然而一味地崇尚"大"，很容易被目的和手法束缚。更迫切的问题是，很多艺术家投入极大精力创作大型或超大型作品，一旦取得成功，便重复自己的创作模式，渐渐失去锐意创造与超越突破的勇气。在这一问题的讨论上，不妨借用老子"治大国若烹小鲜"[13]的观点，创作之道亦是如此，唯有"尽精微"，方能"致广大"。

"精微"既指画面的细节，又指对画面的构思和经营，其实质是对艺术创作规律的探索与实践。纵观美术史，古今中外的大师都曾留下举世闻名的小幅作品。如 17 世纪荷兰画家维米尔的代表作品《戴珍珠耳环的少女》，尺寸仅为 45 厘米 ×39 厘米；《花边女工》的尺寸亦不过 24 厘米 ×21 厘米。两幅画作都是世界美术史上的经典之作，虽然尺幅很小，但在艺术上呈现出的却是不朽和永恒。中国宋代画家马远所绘《柳岸远山图》。尺寸仅为 23.8 厘米 ×24.2 厘米，画面空濛悠远，意境高妙；南宋梁楷名作《泼墨仙人》尺寸为 48.7 厘米 ×27.7 厘米，用笔简约但形神兼备，诚为写意泼墨之传世名作。

回顾艺术史，鸿篇巨制固然令人感佩，但经典的小幅作品也同样使人赞叹，各有不可替代的艺术价值，这也构成了策展思路上的一个基本理念，贯穿展览各个篇章。为了通过展览叙事充分阐释“聚焦小幅美术作品学术研究，启发当下艺术创作思考”这一主题，此次展览全面、系统地梳理了中国美术馆藏的小幅经典美术作品，以对经典作品的再研究审视当代美术创作的问题。本次展览展出的馆藏作品涵盖多个重要历史时期，那些历久弥新，感动、启迪、激励一代代中国人的名家名作，无论是中国画还是油画、雕塑、版画，都在方寸之间展现出美术家直面生活、敢于突破、自由而兴发的艺术品格和探索精神，以小幅经典作品构建起历史叙事。

为此，策展团队在展品遴选过程中，重点关注三个序列的藏品。一是延安时期的版画。在战争年代，创作条件之艰苦是今天难以想象的。很多作品小如邮票，但是延安木刻展现出的永恒的艺术力量与时代之思，至今仍然鼓舞着我们。二是中华人民共和国成立后，在美术史上产生重要影响的美术作品的珍贵创作稿及写生作品。美术家们在党的文艺方针的引领下，以多彩的画笔、真挚的情感、高超的艺术塑造人民形象，讴歌伟大时代，呈现了新中国的蓬勃生机，也诠释了中华民族与时俱进的审美标准与理想情怀。三是新时代以来产生的小幅美术精品。这部分作品深刻反映出美术家们在传统创作语言上的继承和创新，是一批贴近生活，有筋骨、有温度、有道德的时代新作。本次展览的参展作者从中国现当代大师、前辈，到“00后”的青年艺术工作者，几乎包含了我国近百年美术发展历程中所有代际的艺术家。“作品的尺寸最大不过五六十厘米，在有限的空间里，前辈大师的名作与当下艺术家的新作进行对话，使我们在回顾中国百年小幅美术创作历程的同时，对当下小幅美术创作的现状形成直观认识。透过这些作品，我们可同时观察不同时期中国艺术家本真的艺术语言，审视他们的创作状态和心路历程，感悟他们对人民的热爱、对社会的关注、对生活的体验、对自然的亲近、对历史的思考。”[14]

2. 语境营造，探索新颖策展理念

在构建美术史叙事结构的同时，本次展览聚焦回溯经典，展现新作，以艺术本体研究的主线组织展览空间结构，营造了馆藏精品与新人新作相互辉映的对话语境。策展团队在作品的编排、视觉设计、空间体验等方面进行了深入探讨和研究。围绕美术创作小中见大、小中见情、小中见趣味、小中见格局的精品意识构建语境，每个展厅以画种和媒介分类展示，再以作品的题材、内容、风格进行重新组合，不同主题展厅营造不同的场域氛围，形成了一种全新的观展体验。展览将中国美术馆一层中央圆厅和五层、六层展厅作为馆藏精品陈列厅，展出馆藏各个时期最具代表性和影响力的美术家的小幅经典美术作品。中央圆厅展出的作品汇聚徐悲鸿、齐白石、黄宾虹、李可染、刘开渠等诸多艺术大家的代表作品，可谓群峰并峙、星光璀璨。特邀艺术家的油画和中国画作品被安排在一层，水彩（粉）画和版画则在三层展出。入选艺术家的作品均位于一层，分为油画、中国画、综合材料三个篇章，各篇章内部又以不同题材进行划分。雕塑作品根据内容、材质、艺术风格的异同，灵活地展示于不同展厅，与绘画作品相互映照，极大地提升和丰富了观众的空间审美体验。当观众漫步在各个展厅，穿过“致敬经典”的圆厅，走进展示今日美术家们表现新时代、新面貌、新风尚、新景象作品的展厅，就见证了历史与现实的交融。在这一刻，来自艺术史叙述的历史维度与展现当代美术创作的时代温度融为展览体验的一部分，展览空间的情感和审美感召力得以凸显。

3. 活化馆藏经典，引领美术创作新风

中国美术史上从来不乏经典小幅作品。“吴门四家”、吴昌硕、齐白石、黄宾虹这些艺术大家就曾在山水和花鸟册页、扇面画中留下妙笔无数。如齐白石创作的草虫小品，经常是在方寸之间，尽显中国画工笔和写意融合之美。中

图 117　牛犋变工队　胡一川　版画　11.4cm×18.8cm　1943　中国美术馆藏

国艺术家历来重视游观写生与笔墨意趣的结合。很多尺幅不大的写生或画稿、文稿往往在其艺术性、写意性、精神性的美学呈现上达到极高的境界。本次展览正是从引领美术创作新风、展示美术发展成果、推动美术事业发展等不同维度激励和启发新时代美术工作者接力前行，开拓奋进，不懈努力。

本次展览的作品代表了中国美术史上小幅美术作品的极高水平。延安木刻版画中，李桦的《饥饿》体现了对穷困无助、饱受战争摧残的民众的同情，彦涵的《伏击》、胡一川的《牛犋变工队》（图 117）、刘岘的《延河溜冰》、林夫的《全国抗战》等表现了全民抗战、同仇敌忾的英勇无畏。这些木刻作品虽小，却展现了版画家们日趋成熟的表现手法和艺术语言，更重要的是突显了他们始终抱有高远的艺术理想和为时代与人民而创作的艺术信念。中国画方面，自 20 世纪 50 年代起，在党的文艺路线指引下，李可染、傅抱石、关山月、钱松等国画大家致力于中国山水画创作技法的革新，为此壮游写生，描绘

图 118　鱼鹰小舟　林风眠　中国画　31.7cm×34.8cm　1961　中国美术馆藏

新中国的发展建设和祖国大好河山，不断将个人感受和歌颂新时代的主题注入画幅。他们不仅创作了大量具有极高艺术价值的经典写生作品，而且其艺术理念对 20 世纪下半叶中国山水画的发展产生深刻影响。

此外，展览还展出了近代以来，最早走出国门、接受系统西方现代美术教育的美术家的作品，如徐悲鸿的《双狮》，画家将中国画的笔墨语言与西方写实主义创作手法相结合，为画中狮子赋予了特殊的内涵与象征意味。林风眠的中国画《鱼鹰小舟》（图 118）以简练的线条和阔笔墨块、富有韵律的构成，

图 119 古堡 靳尚谊 油画 39.1cm×54.3cm 1981 中国美术馆藏

描绘出极富诗意的自然景物。展览还展出了吴作人的《金鱼》、关良的《武剧图》等大师名作。这些艺术大家是中国现代美术教育的奠基者，他们的作品深刻地展现出中西融合大时代背景下对艺术创作的成功探索，尽显小幅美术作品特有的笔墨、诗意、格调之美。

在油画方面，颜文樑创作于 1928 年的《红海》，尺寸仅为 17.9 厘米 ×25.1 厘米，但是画面中水天一线，天光云影，方寸之间展万千气象。闵叔骞的《人民英雄纪念碑》用油画写生表现和记录了北京建设的历史图景。马常利的《太行晨曦》表现了 20 世纪 70 年代太行山地区的生产建设，如一首彩色的抒情诗，传递出对劳动之美、河山之美的礼赞。靳尚谊的《古堡》（图 119）是其 1981 年赴新疆采风时绘制的，这次采风对他来说意义重大，两年后，他创作了被誉为中国油画新古典主义风格代表作的《塔吉克新娘》。这也启示当代画家在面对写生和创作时还应该有更加深入的思考。这些小幅美术精品为今天的美术创作提供了范本——美术家深入研究丰富多彩的时代生活，探索“笔墨当随时代”的艺术语言，拓宽观察视野，继续以“可贵者胆，所要者魂”[15]的艺术创造精神，不断探索创新，开拓奋进。

近年来，中国美术馆不断加强对藏品资源的梳理、阐释，精心策划五大系列展览。一是通过“典藏活化”系列展活化经典，展示古今中外艺术“高峰”；二是通过“捐赠与收藏”系列展，为现当代艺术大家及其家属捐赠举办展览，先后展出老舍和胡絜青收藏的作品，以及于右任、高二适、刘海粟、熊秉明、饶宗颐、靳尚谊等名师大家作品；三是通过“弘扬中国精神”系列展，以“美在生活——全国写生艺术展”领衔，彰显中华美学精神；四是通过“国际交流”系列展，让公众欣赏到国外艺术经典的同时，获得国际艺术家的作品捐赠，丰富了中国美术馆的国际艺术收藏；五是通过举办“学术邀请”系列展，展示艺术家及其作品的历史价值、学术价值和艺术价值。

美术馆为经典艺术作品陈列提供空间，也为美术史研究提供平台。美术馆的展览与收藏，不仅对当代美术创作起到引领作用，也为美术史研究者与批评家梳理当代美术发展脉络提供了宝贵资料，为专业美术院校及广大中小学的教学研究提供启发。从这个意义上讲，美术馆在社会主义文艺事业发展中承担着枢纽角色，以美术展览、收藏、研究为核心，串联起相关部门、美术院校、艺术家、专家学者、新闻媒体等，构建起相对完整的由展览体系带动的良好艺术生态，同时也将为完善中国美术馆国家级展览展示及研究平台的建设，起到关键性作用。

展览布置之中内含着美术馆对本馆藏品研究的成果，也反映出对当下美术馆与公众之间关系的认识和态度。美术馆及其藏品是一个整体，一个完整有机的统一，在现代美术馆的演进过程之中，藏品的长期陈列展示的也并非只是藏品，同时还有美术馆自身。一个可以为参观者提供严谨和专业的藏品展示的陈列与一个可以充分激活观众新的体验和认知的藏品陈列都将是一种值得被赞誉的美术馆行为，而与之相反的是藏品陈列中过于表面和含糊的陈列方式。藏品长期陈列需要美术馆为此做出巨大的努力，“通过这种方式，艺术在博物馆中受到纪念，而我们也可以像阅读一部书那样阅读艺术，有头、有尾、有中间。往昔被理性地、有秩序地编排在一起，故事渐次展开，这在许多方面都像小说。结果，通过将我们现在的方式投射到往昔，博物馆倾向于认可现行的社会和文化状况。”[16]

第二节

还原藏品的“原初语境”

现代美术馆大多使艺术品脱离了它们的原初环境，而置身于一个新的空间，这不可避免地改变了我们对传统艺术品的观赏和认知。法国哲学家米歇尔·福柯（Michel Foucault）将博物馆作为异位（heterotopias）与异时（hneterochronias）相关联的典型来论述，他认为博物馆是体现 19 世纪西方文化特征的异位，这种异位是在人们处于某种与传统时间绝对的断裂时才开始完全起作用：整个 17 世纪，一直到 17 世纪末，博物馆和图书馆一直是某种个人选择的表现。相反，积累任何事物的观念，构成某种一般档案资料的观念，在一个场所里拥有一切时代、时期、形式和趣味的愿望，建构一种拥有各个时代的场所（这一场所存在于时间之外，免遭时间侵蚀）的愿望，在某个不变场所中组织起某种时间的永恒无限的积累的想法，所有这一切均属于我们的现代性。博物馆和图书馆就是体现出 19 世纪西方文化特征的异位。[17] 德国哲学家沃特·本雅明也持有类似的观点：“艺术品的独一无二处就在于它和它的传统不可分割…… 例如，一座维纳斯塑像伫立在两个不同的环境中，希腊人对它顶礼膜拜，而在中世纪的预备修士们看来，它就是能预言灾祸的神。这两者，都有它的独特性，这一独特性就体现在它所处的氛围中”。

对古代雕刻而言，原初环境以及作品与环境的关系决定了人们对它们的认识，博物馆无疑加剧了这种语境的改变。以汉代霍去病墓前的石雕为例，这组大型石雕生动逼真、雕刻简练厚重，高度体现了汉代沉雄、博大的时代精神和艺术风格，是我国目前所发现的时间最早的成组大型陵墓石刻艺术珍品。我们今日所看到的展示形态，是经过数次变迁的，其摆放位置与汉代原初形态已相去甚远。[18]

就现代博物馆展示与传统艺术自身要求的展示方式偏离这一现象而言，中国传统卷轴书画也很能说明问题。作为一种现代文化机制，现代美术博物馆在展示中国传统书画方面难免有不足之处，具体表现在展示空间、观赏体验等诸方面。古代的观赏场所多在私家园林。长卷展开欣赏，大卷轴则用画架悬挂欣赏，文人集会时还常常有感而发，有时还题跋赋诗。文人书画是士大夫的寄情之作，多讲究放松状态下的玩赏与感悟，是可观、可触、可感的，与面向公众的受空间限制的现代美术馆展览迥然有别。

现代美术馆的转型与发展影响且改变着美术馆的藏品长期陈列，美术馆每时每刻都需要面对精英与大众、学术与教育之间的权衡。藏品长期陈列如何更加完整地为观众提供一件藏品的“全部”，如何让观众更好地理解、体验和研究艺术作品，如何将各种新形态的当代艺术藏品进行展示，种种新的问题摆在了美术馆面前。为此，美术馆开始思考如何在藏品之外的展厅之内寻求新的辅助以达成更好地为公众提供“阐释”和“研究”艺术的愿景。例如，大都会艺术博物馆为了将本馆收藏的著名中国艺术品进行更好的陈列展示，在展厅内设置了中美合建的“明轩”（图 120），它以中国传统园林的概念和元素精心建造，仿照苏州网师园“殿春”庭院样式，在 400 平方米的天光展厅之内，营造了一种如同置身中国传统园林之境的“穿越体验”，美术馆的中国书画、明代家具等藏品在此“展厅”的陈列，宛若“实现”了将藏品与他们原初的文化语境和历史、时代的链接。美术馆将藏品置于与之对应的“情境”之中，目的是将两者创造性地整合为一个有机体，为参观者提供一种“暂时离开美术馆”的“另一种体验之旅”。当然，更重要的目的还在于这样的方式将有可能帮助观众获取新知。在泰特现代美术馆，陈列有 18 世纪绘画的展厅内，也陈列有少量的

图 120　大都会艺术博物馆的“明轩”

图 121　雅典卫城博物馆

同时期风格的家具、服装、器物，而这些物品在展厅内建立了一个具有丰富架构的“艺术景观”，这样的展示实际上是打破了将不同门类藏品分开陈列的方式，尤其是将“纯艺术”与“实用艺术”分类展示的这一个惯例。这种方式让观众在参观展览时不仅仅是在绘画之间进行感知和体验，同时期的“日用品”与绘画之间形成了共同存在的对应关系，也从另一个角度诠释了这些绘画的意义。

雅典（新）卫城博物馆（图 121）是一个现代与古典相结合的建筑。坐落于希腊雅典卫城山下。新建成的雅典卫城博物馆于 2009 年 6 月 20 日开馆，占地约 2.5 万平方米，新的博物馆使参观者仿佛置身于时空走廊，在古老与现代间徘徊。新馆最引人注目的地方恐怕要算外部的玻璃走廊了。柔和的自然光线透过玻璃射入博物馆内，给陈列其间的帕特农神庙外墙雕塑和其他艺术品披上了质朴的光辉。更为神奇的是，游客在走廊里还可以透过玻璃 360° 欣赏 300 米远的帕特农神庙以及雅典全城风貌。

博物馆的建筑大胆地尝试通过其高度透明的玻璃立面，保持其展品与展品来源地雅典卫城古建筑之间的直接视觉联系，同时，它也提供了周围古老的山丘、山脉与当代城市环境交相呼应的全景。各种类型玻璃的使用让光线涌入顶层的帕特农展厅，通过天窗过滤进入古代展厅，并渗透到建筑的核心，轻轻地洒向建筑下面的考古发掘现场。通过这种方式，博物馆避免了与环境的隔绝，而使其自身成为环境的延续，并呈现了它与古代雅典景观的整体关系。卫城博物馆的展览单元主要是依据地形学和藏品主题进行划分。负一层第一个大型展厅的特色是有一个玻璃地板的斜坡，模仿卫城的斜坡，展示在那里的考古发现。展厅的地板向上倾斜，与雅典先民攀登卫城时的路径一致，而玻璃的地板让博物馆的参观者能将展品与脚下考古发掘的现场联系起来。博物馆的展览在第三层展厅（图 122、图 123）达到高潮，这里是为专门展示帕特农神庙的雕塑而设计的。博物馆的第三层与建筑其他部分产生了 23° 的偏转，这是为了使第三层展厅与几百米外的帕特农神庙在方向和尺度上都保持完全一致。该层空间以玻璃幕墙的形式布置，环绕着一个矩形核心，核心的外墙结合了神庙的爱奥

图 122　陈列帕特农神庙的雕塑的展厅

图 123　卫城博物馆三层展厅与几百米外的帕特农神庙在方向和尺度上都保持完全一致

尼亚浮雕装饰，与原来檐壁所在神庙的方位完全一致，但稍微偏低，便于观众更好地观看。浮雕饰带设计在大厅的钢柱之间，钢柱也保持了与神庙 48 根立柱同样的数量。展览将原始的大理石雕塑与大英博物馆或其他外国博物馆收藏作品的石膏复制品结合在一起。环绕展厅的玻璃幕墙提供了自然采光，并使得眼前的雕塑与不远处的帕特农神庙产生直接的视线联系。

就像贡布里希（E.H.Gombrich）在《博物馆的过去，现在与未来》一文中所说："任何一位橱窗布置者（window-dresser）都可以把孤立的一只希腊陶瓶放在一个空房间里并把它置于聚光灯下，以引起我们的注意……如果你根据某种简单的几何秩序来安排一个类别的物品，那么你就会发觉，物品的相同之处往往会显得突出，甚至会融合成万花筒里所见的图像。我们得用某种方法来使观者看到相同之处，但又使他们注意相异之处……这一任务的完成需要展览设计者经常与那些既熟悉每件展品又对整个艺术领域有总体了解的管理员商量。"[19]

就艺术品的信息传递而言，陈列展示的方式还需具体探索，包括作品的解释说明等工作。就艺术品本身而言，要使艺术品同时具有"实体物质"与"文化意义"，就需要历史学家、艺术史家等多方面的参与。博物馆是连接现在和往昔的桥梁，历史也被生动地展现在这座文化殿堂里，美术博物馆很可能要依据某种"历史"或"风格"去陈列及展示其艺术品，相应的，它们就可能会因视觉展示使得历史意义具体化，从而为艺术史学者提供研究的便利条件。

在今天，作为保存、展示及阐释艺术品的重要场所，美术馆已越来越成为触及艺术本质研究的主体，美术馆与当代艺术发展的关系也更加紧密。艺术家和艺术史家也越来越关注如何联合美术馆的学术和展览资源，开展新艺术史研究等诸多方面的合作。

第三节

文献、实物、档案的大量应用

当然，新的陈列方式，也受到艺术史研究中更加重视艺术品在社会学、图像学意义的发掘这一趋势的影响。这一点也同样体现在以现当代艺术品收藏为主的美术馆的藏品陈列展中，如大量展示与作品或艺术家相关的文献、实物，以及照片和影像，由此构成一件作品或一场艺术运动完整的“多维展示”。像 MoMA 将大量艺术家的手稿、书信、笔记甚至是使用过的物品置于展览之中，这些“文献与实物”以一种特有的方式存在并且参与到对“艺术”的描述中，可以说为观众提供了一种相对客观和从另一个角度认识一个艺术家、一件作品，甚至是一场艺术变革。这些，尤其体现在超现实主义和波普艺术的陈列中。

而在索菲亚王后国家艺术中心陈列毕加索名作《格尔尼卡》的展室，除了展示这件作品之外，还有毕加索为此作而画的几十件小稿，以及记录他绘制这件作品各个阶段的照片，完整地展示了艺术家是如何反复修改和完成这件杰作的（图 124）。同时，还陈列有大量关于这件绘画辗转巴黎、纽约、马德里至此的各个阶段的文献资料和照片，为观众理解《格尔尼卡》与那个时代的世界以及它们之间复杂的关系提供了海量的珍贵素材。在美术馆的第三部分陈列“反抗到后现代（1962—1982）”之中，更是以大量文献、实物和档案构成了整个陈列的主体（图 125）。

安迪·沃霍尔美术馆收藏有艺术家安迪·沃霍尔从 1974 年开始收集起来

图 124 《格尔尼卡》相关文献的展示

图 125 索菲亚王后国家艺术中心的陈列展中的文献展示

图 126《时间胶囊》（Time Capsules）

的各类东西，如“倩碧”的包装盒，装过松节油的玻璃瓶，照片、幻灯片、商品标签和信件等各式各样的物品，共 612 个箱子，每一个纸箱里有大约 100 件的物品（图 126）。这些便是美术馆最重要的藏品之一《时间胶囊》（Time Capsules）。来此的观众，不仅可以看到展厅里陈列的《时间胶囊》的各类物品，还可以观看美术馆档案部的工作人员整理、登记和分类这些物品的工作过程。[20]

档案管理员对每次检查纸箱的过程都进行了录像，记录了纸箱里的各种物品，观看者的反应也被录了下来。档案管理员麦特·弗比坎（Matt Wrbican）评论说，许多观看者对档案材料的反应“比他们对展示图片的反应更加强烈，因为他们以前从未见过原始资料”。[21]

这种方式大都应用于美术馆对于一件或一批藏品的研究，由于这类工作需要大量的针对藏品、艺术家与同时期的艺术现象、社会环境、思想领域的相关比较和研究，并且要善用艺术史分析、阐释的方式甄选、组织出可以配合作品展示的文献、档案，所以这些工作对美术馆提出了更高的要求，从这一部分的展示中甚至可以直接体现出一个美术馆的学术和专业程度（图 127、图 128）。

2013 年，中国美术馆举办了一场“20 世纪中国美术之旅——留学到苏联”大型展览（图 129）。此次展览是为纪念新中国公派青年美术家留学苏联 60 周年而举办，也是中国美术馆建馆 50 周年的重要学术项目。展览由 500 多件作品及 600 余件珍贵文献实物构成，以丰富的展览结构和充实的展览内容，将“留学到苏联”这样一段在新中国美术史中具有重要意义的篇章，进行了一次极具学术深度的完美呈现。（图 130、图 131、图 132）

图 127《时间胶囊》（Time Capsules）内的物品 -1

图 128《时间胶囊》（Time Capsules）内的物品 -2

图 129 “20 世纪中国美术之旅——留学到苏联”大型展览展厅

图 130 “20 世纪中国美术之旅——留学到苏联”大型展览展厅

在20世纪五六十年代，新中国成立伊始，国家的各项事业百废待兴。鉴于当时特殊的历史条件和国际政治格局，为尽快发展壮大祖国的各项事业，解决人才短缺的实际问题，国家决定以“走出去”和“请进来”的方式，将大批国内优秀人才公派到苏联进行学习，同时援请苏联专家到中国参与生产建设和教学辅导。“留学到苏联”这一历史现象就是在这样的大背景下产生的。为适应新中国的文化建设，培养更多的优秀文化艺术人才，建立健全新中国的美术教育体系，从1953年到1961年，国家公派到苏联学习的美术家有7批次，共33人。他们大都是来自各大美术学院的优秀学生和教师，在经过了严格缜密的选拔和考试之后，踏上了留学苏联的旅程。他们在苏联留学期间，不忘祖国和人民的嘱托，时刻将自己的命运与国家的发展紧密相连，努力学习，刻苦钻研，用实际行动和优异的成绩，向祖国和人民交出了满意的答卷，也为中苏人民的友谊谱写了新的篇章。他们在学成归国之后，服从组织上安排，奔赴各地美术院校和创作单位，积极地投身到新中国的美术教育、美术创作和美术研究的事业之中。用留学期间的所学，毫无保留地、全心全意地培养了大批新中国的优秀美术人才，同时，他们作为那个时代最优秀的美术家，为新中国的美术创作贡献了许多经典的优秀作品。在60年后的今天，他们仍然保有当年的那份理想信念和火热激情，继续为祖国美术事业的发展贡献着自己的力量。对于这样的一段历史，和这样的一批美术家，如何以展览的方式进行有效、合理的叙述，全面阐释这样一段波澜壮阔的历史的价值和意义，是这个展览所面对的最为重要的问题。因此我们在展览中看到了这样一部分内容——这些美术家留学期间珍贵的文献和实物的整理展示，对这些重要文献的应用，为开拓和延展“留学到苏联”的展览内容和形态、还原历史情境、启发和带动公众展开相关延伸阅读及思考起到了重要的作用。另外，在展览内容的选择上，从这一批美术家“留学到苏联”的青春岁月展开，将叙述的时间点聚焦在“留学苏联期间”，从而使整个展览以一种严谨的学术标准和策展思路，通过对美术家留学期间的学习、创作、生活的研究，展开了对于这一段历史的深入叙述。如果说这是一个纪念展，

图 131 “20 世纪中国美术之旅——留学到苏联”大型展览文献展厅

图 132 “20 世纪中国美术之旅——留学到苏联”大型展览展厅

图 133 “20世纪中国美术之旅——留学到苏联”大型展览文献展厅

但是它又拥有明确的学术定位和思考，如果说这是一个学术研究展，但是观众在观看的过程中又会有一种深深的感动和激励涌上心头。这个展览在文献的梳理、研究和展示方面有诸多值得关注的地方。

“留学到苏联”展览的内容主要由两大部分构成，一部分是作品本身，另一部分就是文献实物。以海量珍贵文献和实物，还原美术家异国求艺之路，将文献实物作为本次展览的重要的组成部分来呈现，是这次展览一个突出特点。这些重要的文献实物为观众深入了解这段历史，更准确地体验和感受这一代美术家的创作营造了重要的情境。展览从“新的开始”“基础训练”“写生体验”“创作研究”“感受经典”以及“青春风采”六个小节开始，让观众对留学到苏联的留学生们的历史背景、学习情况以及生活情况有了基本了解。文献和实物部分可谓细大不捐，力图最大限度还原当时的情境：国家公派留学生的公函，留学生的火车票、毕业成绩单、毕业证书、奖章，留学时的绘画用具、皮箱，大量珍贵的照片、课堂笔记和书籍，等等，展览用这些文献和实物建立了一个将参观者带入那段历史的入口（图 133）。

一个展览的成功与否很多时候取决于展览学术水平的高低。这次展览的举办，将20世纪五六十年代国家公派留学生到苏联学习的这段历史，做了一个最为完整和全面的梳理研究。通过对留苏美术家的走访，以及对实物文献的收集整理，对史实的考证，将重要的文献资料、绘画作品、理论著作和美术家情况，对1953—1961年所有留学苏联的美术家的批次情况、留学生工作室和专业等，做了细致的整理和校准，并出版了配合这次展览的大型画册。无疑，这为将来研究这段历史的学者和关注这段历史的公众提供了一个重要的参考文本，为这一段历史的进一步研究奠定了基础。在整理文献时，对当时的课程安排、教学内容，以及教学特点都作了详细的梳理。

在展览一开始的部分，“基础训练”“写生体验”“感受经典”“创作研究”四部分中有着极为丰富的关于当时美术学院教学情况的反映。这些文献中有他们留学时的课程表，各个科目的成绩单。这些细致的整理研究工作，为公众更好地认识和感受美术家们后来的艺术创作和艺术思想形成提供一个新的视角，也让我们理解到这些重要美术家们在后来的艺术实践中为何如此地重视写生、重视教学、重视创作规律、重视深入生活。在“新的开始”和“青春风采”之中，我们更多是感受到他们在年轻时的青春飞扬和激情豪迈，在那些珍贵的文献、实物之中，感受到了时间流淌过的深深印记，感受到一代艺术学子怀揣梦想、充满爱国主义精神，对理想信念的不懈追求。

在本次展览当中，有几件重要的作品属首次展示，而且在其中不乏极具代表性的作品。由于这些作品在此之前并未被广泛介绍和研究，所以这次展览中对于它们的集中展示和介绍便显得尤为重要。李天祥是1953年第一批留学到苏联的美术家之一，他在留学时的毕业创作《儿童图书馆》（图134）获得了当年的毕业创作最高奖，作品被留校收藏。本次展览展出了《儿童图书馆》(1958年）创作稿第1稿和第2稿。创作稿第2稿已经画得非常深入，也很接近最后的完成稿。由于历史原因，首批公派留学苏联的美术家留学期间的作品几乎都被损毁。各种大大小小的有关留苏作品的展览中，虽偶有展出，也基本上是课

图 134　儿童图书馆（第二稿）　李天祥　61cm×196cm　油画　1959 年　艺术家自藏

堂作业和风景写生。《儿童图书馆》第 2 稿作品完成于 1958 年暑假回国搜集素材和体验生活之际，在此之前的展览和画册之中鲜有出现。虽然为留学期间的作品，但是作品的取材以及在绘画语言上的探索已经将目光转回到本民族的文化坐标。艺术家经过了六年留学生涯和严格的学院教育之后，以一种高度的文化自觉将对苏联油画深厚的学养和优长与本民族优秀的传统文化相结合，完成了一次在油画创作中的极具创新和挑战的艺术提升。对于这件作品的创作缘起，画家本人曾讲过："1958 年我回国下乡，看到农村的儿童图书馆很有特色，于是画了《儿童图书馆》。同时我总结出一点：东方的审美和西方的油画怎么结合？我采用'平光不平涂'的方法，利用平光照射，把暗面减小、减弱，把物象的固有色与条件色统一起来，通过结构而不是明暗表现体积。这种平光不平涂的方法既符合油画条件色规律，又适合中国人的欣赏习惯"。

陈尊三也是第一批留学苏联的美术家，他的石版画《暴风骤雨》也是留学期间的毕业创作。这组作品原作共 24 幅，其中绣像 10 幅，全图 14 幅，皆为套色版画，很不幸后来均被损毁。现在展出的这套作品是作者赠与罗工柳先生收藏的，罗先生得知原作全部损毁之后，将自己收藏多年的这一套作品还给了陈尊三先生，一件作品见证了两人的深厚友谊。这次展览也是这组作品的第一次完整的展示。这组作品中最为精彩是《元茂屯公审大会》。"我认真地刻画每一个出场人物，尽可能地刻画这 165 人的个性和姿态，极其虔诚地描写这些虽然衣衫褴褛、满身汗污，但内心善良的穷苦人，我感到自己的灵魂也得到了一次净化”。对于这组失而复得的珍贵作品，陈尊三先生在后来的自述中讲道：“应该说这套画是以土为主、土洋结合的产物。在石版画技法上、素描造型能力上以及创作画中特有的灰色调的和谐规律方面都是留学获得的东西，但是这套画的生命和内涵（中国气派、民族形式、地方特色等）则是深入生活观察体验和深入研究民族民间艺术规律的结果，而这些知识和能力却是在鲁艺学习期间接受解放区文艺传统教育而获得的”。

除此之外，本次展览中还有许多珍贵作品在此之前都很少与公众见面，例如，留苏美术家们留学期间在各大美术馆内临摹的精彩作品，这些作品既有俄罗斯著名画家的代表作，也有博物馆收藏的欧洲传统绘画大师的作品，以及印象派的作品，这批重要的临摹作品在当时的美术学院的油画教学和研究当中起到了非常重要的作用。

我们在展览中还可以看到一些非常重要的外光写生作品，这些作品在油画语言的掌握和外光色彩的驾驭，以及生动性上都取得了极高的艺术成就。

“学院与艺术——吴作人百年诞辰纪念展”则是从一个大师的艺术教育轨迹来展示中国近代美术的历史。此展作为“吴作人百年诞辰纪念活动”之一，除集中展出吴作人的《齐白石像》《黄河三门峡》等多幅代表作品外，还展出了大量珍贵文献及手稿。

学术性展示分为两个部分：第一部分展示吴作人的艺术教育思想以及他在基础教学、创作教学和其他方面的实践等相关文献、分别在 1 号展厅和后圆厅展出。这一部分，以照片和文字的方式系统而详细地记录了吴作人先生留学法国及回国后的生活、教学，以及艺术创作。为了使观众能更加直观地感受画家的创作和生活，策展人在文献展的对面安排了实物展示，包括周恩来总理亲笔签署的中央美术学院的院长任命书，吴作人先生的画笔、日记、读书笔记和写生用的画箱和雨伞。这些实物展示为观众提供了一个真实可感的交流空间，全面而真实地展现了一个艺术大师的生活和艺术历程。（图 135、图 136）

图 135 “学院与艺术——吴作人百年诞辰纪念展”展厅

图 136 “学院与艺术——吴作人百年诞辰纪念展” “十张纸斋”展厅

第二部分展示吴作人在国内外学习、进修创作的情况。其中包括他早年国外学习期间所创作的包括《男人体》在内所有经典作品。艺术家在国外的素描习作和100多幅研究型素描同“十张纸斋”的96件水墨写生，以并置的方式展示，有别于传统的展示方式使得展览的面貌完整而充实。这样的展示手法，让传统的素描展示产生了一种新的解读方式。这种展示更加具有现代的意味，同时由于数量多且统一集中展示，整体上看来更像是一件“装置作品”。展览开幕后，观众对于这种新鲜的作品陈列方式给予了更多的关注。展厅里的影像部分，播放的是画家家乡苏州和巴黎的风景影像。两部影像以平实的拍摄手法，分别记录了吴作人的家乡苏州，以及他后来学习的地方巴黎的风貌。两部影像是没有声音的，它的画面像流水一样，清净、连续、安静。这两个不同时空的交融、并置，向我们无声地诉说着一个艺术大师与他的时代。影像本身更像是一件新媒体作品，与整个展览相互依托，给观众提供了充分的想象空间。同时，展览的两个展厅，由在方厅中间的四块影像连接起来，使得整个展览有了一个视觉上的连续性。影像的内容为记录吴作人先生的照片资料。由于投影幕巨大所以极具视觉冲击力。“学院与艺术——吴作人百年诞辰纪念展”的展览展示上有很多新的尝试，区别于此之前的相关内容的展览，展览面貌感觉新鲜而厚重。

可以说，无论是为了还原藏品的原初语境而进行的“情境构建”，还是为了延伸藏品展示的深度和广度而增加的文献与档案的陈列，重要的美术馆都尝试着建立某种新的陈列方式。这并不同于将藏品继续陈列在原初展示它的那面墙上而多少年都没有变化。这些新的藏品陈列的尝试体现了美术馆在现代转型之中的再发展，反映出美术馆更加注重学术高度的态度，这也是现代美术馆对教育、传播知识和服务娱乐大众而做出的探讨和努力。

第四节

新媒体新技术的应用

如何提升美术馆藏品长期陈列展览对观众尤其是年轻观众的吸引力，如何在长期陈列的展示中融入更多观众体验空间的设计，在当下信息技术大发展的背景下，越来越多的美术馆开始关注新媒体技术在长期陈列展中的应用。

一、谷歌“艺术计划”

根据英国《艺术新闻》2013 年发布的关于 2012 年世界博物馆参观人数的统计，2012 年十大最受欢迎美术馆累计参观人次达 52906060，这个数字仅占全球总人口数的 0.76%。全球还有非常多的人无法前往美术馆欣赏伟大的艺术（图 137）。谷歌“艺术计划”给人们欣赏艺术提供了另一种形式，它打破空间、时间的壁垒，只要用鼠标就可以零距离接触到全世界众多伟大的艺术作品。[22]“2011 年 2 月 1 日起，搜索引擎巨头谷歌宣布其‘艺术计划’(Art Project）正式上线。这是继谷歌图书、谷歌地图之后，这家满怀野心的互联网巨鳄把‘扫描’进一

图 137 来自 Google Art Project 的截图

步向传统文明延伸的产物。”[23]“当时有 9 个国家的 17 个美术馆共 1000 幅作品参与其中。随着项目的不断推进，如今已有来自全球 44 个国家 264 家艺术机构的 40000 件艺术作品可以在线浏览。”[24]在艺术计划的网页上，通过鼠标和互联网，足不出户，就能身临其境地欣赏全世界著名博物馆与美术馆的藏品长期陈列展。“想看阿姆斯特丹国立博物馆的伦勃朗（Rembrandt Harmenszoon van Rijn）名作《夜巡》？没问题，只要滑动鼠标，这件镇馆之宝就能清晰地呈现在你眼前，画面暗部的每一处细节都可放大，每一个笔触都可供仔细琢磨。”[25]在当时的启动仪式上，泰特现代美术馆馆长尼古拉斯·塞罗塔 (Nicholas Serota）提出了虚拟美术馆发展的设想，他认为虚拟美术馆发展的第一阶段主要是以大量藏品数据的共享为基础，第二阶段则是在此基础上对藏品进行阐释，以及在观众体验深度上的探索。谷歌“艺术计划”实现了从“内容”体验到“情境”体验的飞跃，观者可以通过电脑“身临其境”地体验众多著名美术馆的场景，观看高清版本的美术馆藏品画面细节。

利用新媒体技术建立的线上虚拟美术馆，虽然在现在看来已经被广泛接受，但其在发展的过程当中一直饱受争议，尤其是在版权以及数据安全等方面，一些现当代美术馆也谨慎地为此项目提供藏品信息资源，并且不认同以虚拟展厅的方式在网上展示他们藏品陈列。比如，在马德里索菲亚王后国家艺术中心，虽然馆内最为知名的藏品是毕加索的《格尔尼卡》，但他们却选择了胡安·格里斯（Juan Gris）的立体主义油画作为提供给“谷歌博物馆”的明星作品。与谷歌合作的美术馆并不完全知道谷歌的行为将如何改变传统，因而有一种既期待又不安的情绪。[26]不过，这个项目可以让更多的人借用这样的方式进行艺术研究和学习，也拓宽了美术馆藏品陈列的公共教育的范围。更多的美术馆开始利用自己的官方网站，将美术馆正在展出的藏品信息放在网络上，方便观众在需要的时候浏览下载。

“比如参观者可以从英国国家美术馆、皇家学院美术馆和泰特现代美术馆官网上很容易地下载播客 podcast[27]。其中泰特现代美术馆的‘泰特频道’网上媒体直销店还可以提供包括策展人博客和艺术家访谈在内的一千多件产品。”[28]

传统媒介内容无法在“沉浸”（Immersion）、“想象”（Imagination）和“交互”（Interaction）三个特性上与虚拟现实比肩，它们的精神参与（mental participation）往往需要人们忘记物理形式而关注心灵 。[29]

然而舞台与屏幕边界的存在限制了沉浸感的深入，有时“最好的能让内心聚焦的办法，是让他们的身体感官先汇聚”[30]。虚拟现实技术（Virtual Reality，VR）依托计算机、电子信息、仿真技术，其基本实现方式是计算机模拟虚拟环境从而给人以环境沉浸感和体验交互性。近几年，玛丽娜·阿布拉莫维奇 (Marina Abramovic) 和安尼施·卡普尔（Anish Kapoor）等艺术家都利用 VR 的形式呈现了自己的最新作品。

虚拟现实技术的高速发展，以及其展现出的无限商机和巨大的应用前景，使得各大互联网巨头趋之若鹜。2021 年美国社交媒体脸书（Facebook）宣布更名为“元”（Meta），来源于“元宇宙”（Metaverse）。元宇宙始于 1992 年科幻作品《雪崩》里提到的“Metaverse（元宇宙）”和“Avatar（化身）”这两个概念。人们在“Metaverse”里可以拥有自己的虚拟替身，这个虚拟的世界即为“元宇宙”。随着元宇宙第一股正式在纽约证券交易所上市，微软表示公司正在努力打造一个“企业元宇宙”。2021 年被媒体称为“元宇宙元年”。元宇宙本质上是对现实世界的虚拟化、数字化过程。后疫情时代更是加速了虚拟技术的发展，加速了非接触式文化的形成与扩张。虚拟现实技术能够打造目前最强的沉浸感，正在于其通过全感官的模拟和交互，将体验者的全部注意力引导向设计好的叙事内容，模糊了现实边界。

二、NFT 数字艺术品

2021 年 3 月，在佳士得拍卖行，NFT 数字艺术品《每一天：前 5000 天》拍出 6934 万美元（约合 4.5 亿元人民币），刷新了数字艺术品成交纪录的同时，也让 NFT 这个虚拟世界的新词闯入大众视野。《每一天：前 5000 天》，是数码艺术家 Beeple（迈克·温科尔曼 Mike Winkelmann）将其从 2007 年 5 月 1 日起每天在网上发布的绘画照片，在凑满 5000 张后用 NFT 加密技术组合到一起制作生成。国际奢侈品巨头 LV 也推出了 NFT 游戏，玩家有机会在游戏中免费获得价值在 2 万到 2000 万美元之间的 NFT 黄金明信片。在国内，NFT 也吸引着科技企业和资本跑步入场。支付宝上线了 NFT 艺术收藏小程序，腾讯上线了 NFT 交易平台 App，字节跳动也推出了 NFT 系列作品，国内许多艺术家也上线了自己作品的 NFT 版本……当 NFT 遇上艺术品，一张图片、一首歌、一段视频，甚至一个头像都可以与一串代码“擦出火花”，身价发生几何倍数暴涨，关于虚拟世界的新闻突破了现实世界的认知。“元宇宙概念持续热炒，让市场看到了 NFT 的商业机会。在一些行业人士看来，元宇宙为 NFT 提供了更加多元的应用场景，NFT 将成为实现虚拟物品数字资产化和流通交易的重要工具。反对声音则认为，NFT 与元宇宙的突然走红，背后很可能是一些操纵者精心设计的炒作。”但是从积极的方面看，信息技术日新月异的发展毫无疑问将会带给人们更多新鲜感和前所未有的观展体验。（图 138）

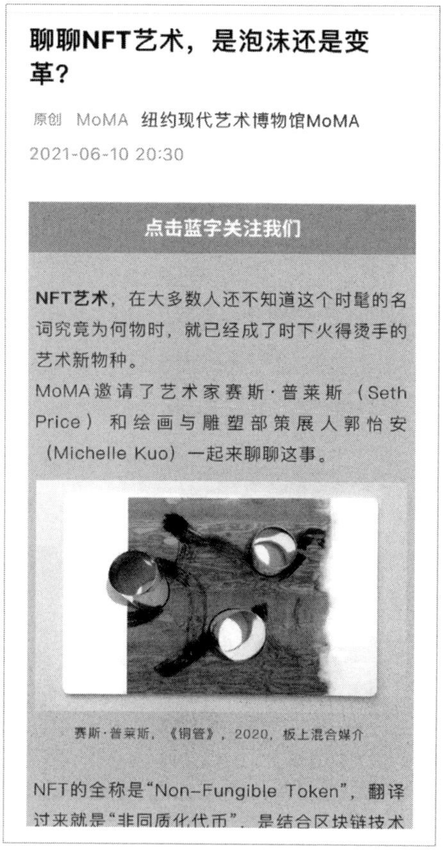
聊聊NFT艺术，是泡沫还是变革？

原创 MoMA 纽约现代艺术博物馆MoMA

2021-06-10 20:30

点击蓝字关注我们

NFT艺术，在大多数人还不知道这个时髦的名词究竟为何物时，就已经成了时下火得烫手的艺术新物种。

MoMA 邀请了艺术家赛斯·普莱斯（Seth Price）和绘画与雕塑部策展人郭怡安（Michelle Kuo）一起来聊聊这事。

赛斯·普莱斯，《铜管》，2020，板上混合媒介

NFT的全称是“Non-Fungible Token”，翻译过来就是“非同质化代币”，是结合区块链技术

图 138　纽约现代艺术博物馆公众号页面

三、数字展厅

因为美术馆越来越重视观众的观展体验，所以开始尝试将新媒体技术应用到展厅内。例如，英国利物浦沃克美术馆“1880—1950年的英国艺术展”，吸引了众多观众群关注美术和装饰性艺术，并浅显有趣地解释了英国如何从维多利亚艺术转变为现代艺术的复杂过程。美术馆展厅中的交互影音设备，把历史事件、艺术家和艺术运动联系在了一起。美术馆还通过鼓励参观者自己动手去做、去触摸、用心去听等，来吸引更广泛的观众。在整个项目里，最大的挑战在于既要提供大量信息并制造吸引力，同时又要保证较强的连贯视觉体验。各年龄层的观众都很喜欢这个展览，其中一位小学生在观后留言中写道：“我喜欢这个很有感觉的新展示，它让我有种想学艺术的冲动。”[31] 展厅中适当加入影像互动设备以及网络互动，这些新的媒体技术的合理应用，可以提高观众尤其是年轻观众参观展览的吸引力和参与性。

伦敦国家美术馆则借用科技手段来呈现一件藏品在艺术家创作过程中经过了怎样的修改，以及油画的颜色在今日与原初发生了怎样的变化。他们通过摄影和数字技术，将模拟的画作在创作阶段的被否定版本与完成稿一并展示，目的是鼓励观众产生新的思考，并且以不同的方式进行解读。这样一来，观众可以在展厅内通过新媒体技术的互动方式，了解美术馆依托现代科技手段重新发掘一件藏品的完成过程。

伦敦国家美术馆的工作人员还运用X光检验技术，对美术馆最重要的藏品之一《不要碰我》[32]（图139）的绘制过程进行了研究，发现画面中的“树叶在完稿之初其实是青翠欲滴的，现在却因为颜料中的树脂酸铜氧化而变成了棕色。”“提香改变了作品的背景色，为的是强调风景的象征意义：图中设防的城市从左边移到了右边玛利亚的身后，以显示她来自那个安逸的世界。”[33] 而这些发现无疑将为参观者理解这件著名的作品提供新的思考路径。这些技术的使用仅仅是美术馆在延展藏品陈列的信息量和与观众更有效的互动的一种方

图 139《不要碰我》 提香 1514 油画
109cm×90.8cm 伦敦国家美术馆藏

式，最终的目的则是利用新的技术丰富藏品陈列的样式，并且将这些发现与展览一起呈现给观众。因为“若美术馆假定一幅作品只有一种解读方式，那这就是对观众的不负责任。我们这些受托管理艺术品的工作者们必须努力让观众理解我们——其实是他们的藏品——的不同解读方式，展示伟大作品的丰富内涵，探索作品在历史和当代语境中的含义。”虽然尼尔·麦克格雷格（Neil MacGregor）[34]这段表述更加侧重于对美术馆藏品长期陈列的整体方向的定位，但是也解释了美术馆做的各种新的探索与实践的依据。

2020 年，巴黎博物馆协会(Paris Musees）网站宣布，对外开放 15 万件馆藏作品高清图片的浏览下载，包含绘画、装饰品、雕塑、摄影作品等。对藏品数字资源开放共享的同时，美术馆对观众观展体验也更加重视，一方面对线上展览和手机客户端浏览的线上体验全面改造升级，另一方面也开始尝试将新媒体技术应用到线下的展厅内。纽约现代艺术博物馆也曾将著名馆藏作品如亨利·卢梭的《沉睡的吉普赛人》、亨利·马蒂斯的《浴者》用类似的技术展现给公众。对这些技术的使用仅仅是美术馆延展藏品陈列的信息量和与观众更有效的互动的一种方式，最终的目的是利用新的技术丰富藏品陈列的方式，并且将这些发现与展览一起呈现给观众。（图 140、图 141）

通过对以上对不同美术馆在展览策划中应用新媒体技术的介绍，可以看出趋于流行的数字化展览形态正在以装置、行为、观念和影像艺术的形式在美术馆和各种公共空间制造着一种视觉奇观，将过去静观式的观看体验导向剧场化

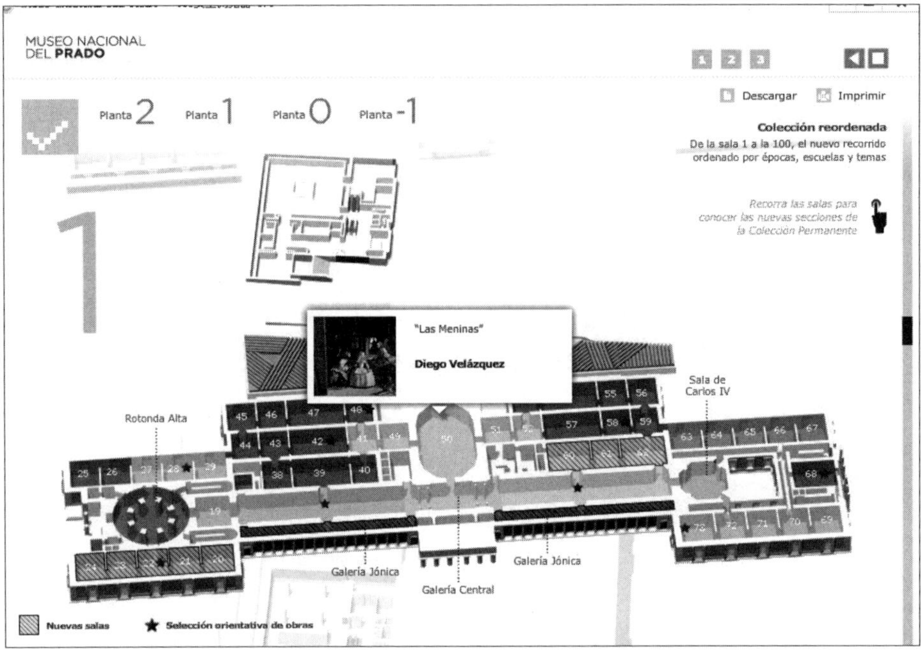

图 140 普拉多美术馆网站为公众提供的全部藏品信息查询和下载服务的长期陈列展平面图

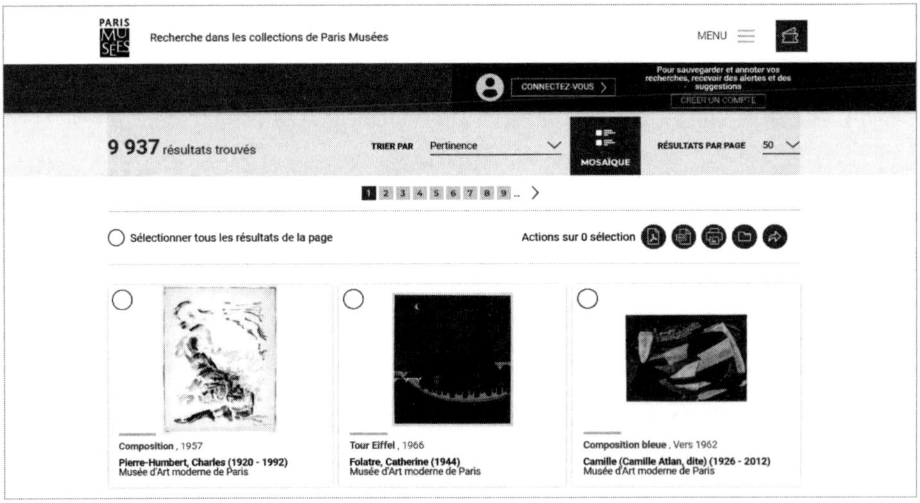

图 141 巴黎博物馆协会（Paris Musees）网站页面

的身体体验。一方面使跨界和沉浸式与流行文化、虚拟现实对接，从而大大吸引了青年公众的关注和参与，另一方面，对于感官刺激的追逐和依赖都是为了达到某种刻意经营的效果，成为炫人耳目、令人叹为观止的“景观”(spectacle)。这种制造剧场式的艺术和展示的倾向，迈克尔 · 弗雷德 (Michael Fried)[35]、西奥多 · 阿多诺 (Theodor Wistuqrund Adorno) [36] 等学者都曾进行过明确的批判，将其描述为无非是用幻觉诱惑人去获得一种感官效果。在他们看来，这些尝试其实并未因此而呈现出诸如现代主义艺术那样的深度。这一来自理论学者批评的声音，实际上也反映了此类型展览逐渐成为当代美术馆和艺术空间为吸引公众所采取的策略，当然还有来自观众数量和门票收入等客观因素影响，但是“技术”始终不应代替艺术而成为展览的中心。

诚然，在如何提升美术馆展览对大多数观众尤其是年轻观众的吸引力方面，如何在艺术展览中融入更多具有观众参与、体验的设计，在当下“流行文化”“泛娱乐化”“网络社会”的背景下，越来越多的美术馆已更加重视新媒体技术在展览策划中的重要作用。尤其是当今时代，基于美术馆面向未来的学术建构，藏品资源数字化运用和全球化共享，以及“线上展览”“虚拟美术馆”的建设，毫无疑问将会让不同国家、不同文化背景、不同语言的国际文化艺术交流成为一种普遍方式，并创造更多新的可能性。

注释：

1 黑格尔 . 美学 [M]. 朱光潜，译 . 北京：商务印书馆，2011：870.

2 伊万·卡斯克尔博士，哈佛大学福格艺术博物馆。

3 GASKELL I. Vermeer's Wager : Speculations on Art History, Theory and Art Museums[M]. London:Reaktion Books,2000:86.

4 科特勒 N，科特勒 P. 博物馆战略与市场营销 [M]. 北京：北京燕山出版社，2006：17.

5 SMITH C R S. 伦敦国家美术馆艺术展览的陈述方式 [J]. 沈蕾，刘鹏，译 . 文化艺术研究，2011(1)：252.

6 赛伍德，体验还是诠释？—美术馆引导观众的方法之辩 [J]. 张昭，编译 . 美术馆，142.

7 卡里尔 . 博物馆怀疑论：公共美术馆中的艺术展览史 [M]. 南京：江苏美术出版社，2009：126.

8 参观者的声音，施罗德，威廉姆，德·贝维克和曼，第 76 页。

9 马斯汀 . 新博物馆理论与实践导论 [M]. 钱春霞，陈颖隽，苗杨，译 . 南京：江苏美术出版社，2008：111.

10 卡里尔 . 博物馆怀疑论：公共美术馆中的艺术展览史 [M]. 南京：江苏美术出版社，2009：121.

11 巫鸿 . 美术史与美术馆 [J]. 中国美术馆，2007(1)：115.

12 杜甫 . 戏题王宰画山水图歌 [M]// 萧涤非，等 . 唐诗鉴赏辞典，上海：上海辞书出版社，1983：508.

13 王弼 . 老子道德经注 [M]. 楼宇烈，校 . 北京：中华书局，2011：162.

14 吴为山 . 美在致广——全国小幅美术精品展前言 [EB/OL].（2023-01-19）[2023-06-08]. http://www.namoc.org/xwzx/xw/2023/202301/t20230119_333014.htm.

15 1954 年春，李可染请邓散木为其刻了“可贵者胆”“所要者魂”两方印，以表达他革新中国画的决心。

16 阿诺尔德 . 博物馆与艺术史展现 [J]. 万木春，译 . 新美术，2008(1)：57.

17 福柯 . 不同的空间 [M]. 周宪，译 . 北京，中国人民大学出版社，2003：25.

18 贡布里希，博物馆的过去，现在和未来 [J]. 范景中，译，新美术，1999（3）：78

19 同 18。

20 由于整理、登记和分类 612 个箱子的物品是一项巨大的“工程”，美术馆只整理出大约 120 个“胶囊”的目录。“胶囊”如今已成为研究沃霍尔生活和作品的无价之宝，但其中大量物品还未被开启，这项工作一直在进行之中。

21 沃威尔 . 解读“扑克牌脸型”——关于安迪·沃霍尔的著作 [J]. 艺术档案馆，33（4）：24-32.

22 谷歌艺术计划：互联网能否取代真实的博物馆?[EB/OL]. (2013-09-11)[2023-04-16].http://www.csdn.net/article/2013-09-11/2816907-Google-art-project.

23 谷歌 Art Project 计划：扫描即世界 [EB/OL].（2011-02-11）[2023-04-16].http://it.sohu.com/20110211/n279275414.shtml.

24 同 22。

25 同 23。

26 同 23。

27 播客（Ipod+broadcasting），是数字广播技术的一种。出现初期借助一个叫“iPodder”的软件与一些便携播放器相结合而实现。Podcasting 录制的是网络广播或类似的网络声讯节目，网友可将网上的广播节目下载到自己的 iPod、MP3 播放器或其他便携式数码声讯播放器中随身收听，不必端坐电脑前，也不必实时收听，享受随时随地的自由。更有意义的是，还可以自己制作声音节目，并将其上传到网上与广大网友分享。

28 赛伍德 . 体验还是诠释——美术馆引导观众的方法之辩 [J]. 张昭，编译，美术馆，143.

29 The Tow Center for Digital Journalism at Columbia University, Virtual RealityJournalism[EB/OL].（2015-11-11）[2023-04-15]. https://www.cjr.org/tow_center_reports/virtual_reality_journalism.php#vr-as-journalism.

30 杨慧，雷建军 . 作为媒介的 VR 研究综述 [J] 新闻大学，2017(6):27-35, 151.

31 同 30。

32 提香(Tiziano Vecellio, 1490—1576)1514 年作品，布面油画，109cm × 90.8cm。

33 特拉法加广场的圣灵降临节。库诺 . 谁的缪斯：美术馆与公信力 [M]. 桑塔兰泰拉，张婷，译 . 北京：中国青年出版社，2013：29，40.

34 尼尔・麦克格雷格 (Neil MacGregor)，前伦敦国家美术馆馆长，大英博物馆馆长。

35 迈克尔・弗雷德 (Michael Fried), 美国当代著名艺术史家和艺术批评家。

36 西奥多・阿多诺（1903—1969），德国哲学家、社会学家、音乐理论家，法兰克福学派第一代的主要代表人物，社会批判理论的奠基者。

第四章 藏品长期陈列策展理念转变的原因与理论分析

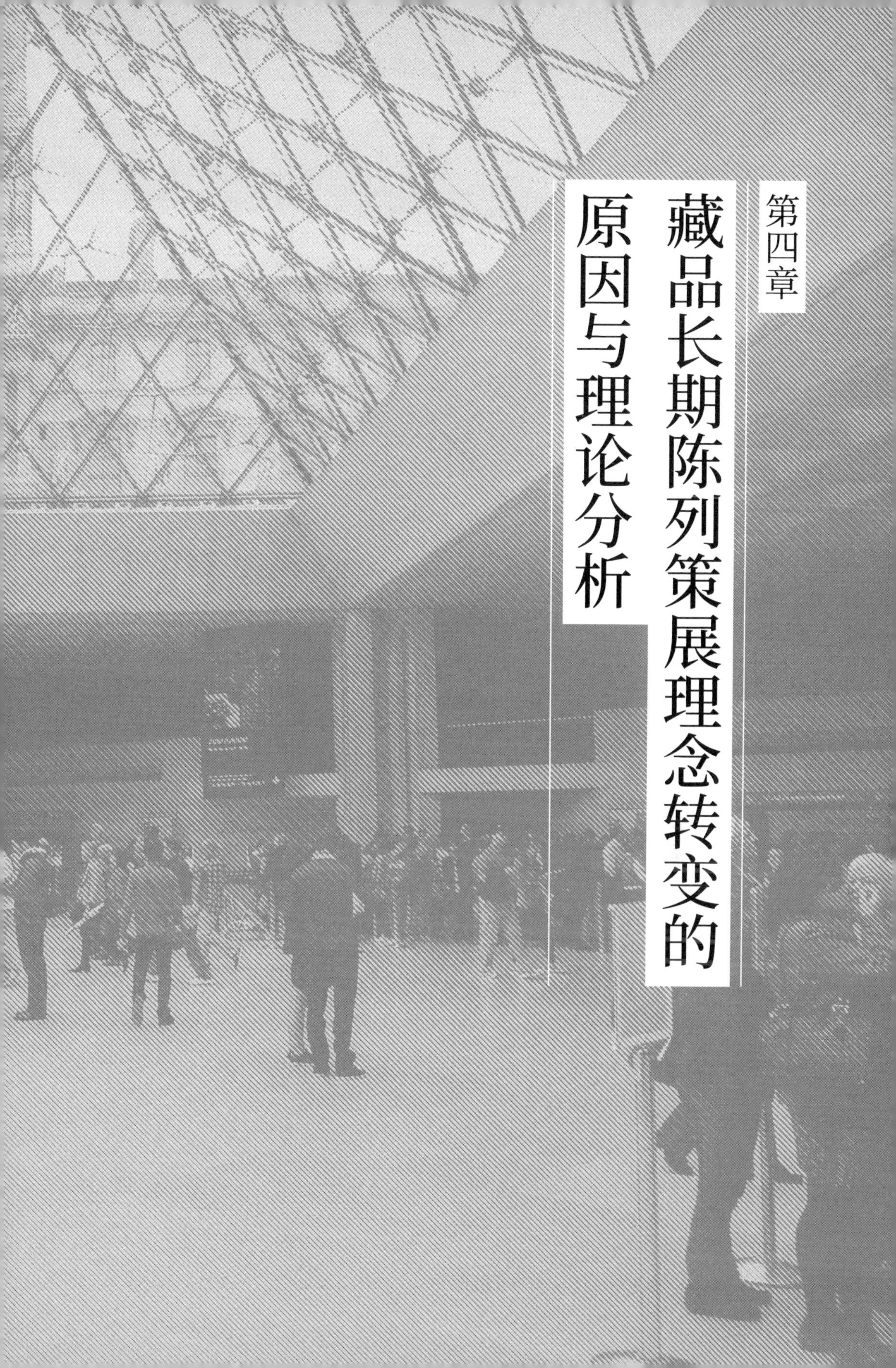

罗杰斯和皮亚诺设计的蓬皮杜艺术中心实际上体现了人们对于美术馆传统期待的改变。

——阿瑟·丹托

第一节

建筑与空间、辅助及其他

前文着重对不同美术馆的藏品长期陈列的方式、理论以及展示等相关问题进行了论述。主要是围绕藏品长期陈列展览本体展开的研究。而本节将主要聚焦影响参观者对于美术馆藏品陈列展览体验和感知的诸多因素的思考。

一、建筑与空间

歌德在谈及参观德累斯顿的一座美术馆的体验时讲道："美术馆内的辉煌和整洁主宰着一种无比的寂静，（它）赋予了一种庄重感，颇像人们步入教堂时的感觉。"[1] 这样的体验似乎在观看艺术品之前便开始进入到观众的感受之中，并且影响着下面的参观。美术馆的建筑与它的内外部空间也越来越影响到参观者认识和思考藏品陈列。例如，18 世纪的一些重要美术馆如卢浮宫（图 142）、艾尔米塔什美术馆等，原本均为皇家宫殿，恢宏的建筑和奢华的装饰与伟大的藏品构成了参观者对于美术馆形象的基本印象。詹姆斯描述参观卢浮宫步入阿波罗厅时的感受："其高大的拱形天顶和耀眼的拼花地板形成了一个巨大的通道，步行其间，我就一点点，一次又一次地吸入了一种无所不在的荣耀感。"[2]"博物馆

图 142 *卢浮宫的阿波罗厅*

有序的空间和物品的陈列、其用光以及建筑的方方面面都提供了舞台背景与剧本，这种情景在某些方面像一些中世纪的大教堂。”[3]美术馆的建筑与空间、藏品展示构成的整体给了参观者一种仪式化的复杂体验，可以说，参观者从步入美术馆的一刻，这种体验就已经开始。美术馆建筑容纳藏品长期陈列，并在它的内部空间展示。所以，美术馆的建筑和空间直接影响到如何去进行藏品陈列的组织与展示。早期的现代主义的美术馆延续着以卢浮宫博物馆为最高目标的实践准则，无论是英国的国立美术馆还是美国新建的美术馆，都将这种古典主义的建筑风格与对称均衡的内部空间作为榜样，追求传统美术馆的殿堂感、敬畏感和仪式感，并在这样的条件下进行藏品的陈列展示。但随着美术馆的转型与发展，以及由此展开的对美术馆公共性及新功能的讨论，如何更好优化“美术馆体验”，为观众提供更好的参观藏品陈列的环境，一种新改变开始作用于美术馆之中。

图 143 巴黎蓬皮杜国家艺术文化中心的长期陈列展

图 144 巴黎蓬皮杜国家艺术文化中心外景

1969 年，法国总统乔治·蓬皮杜（Georges Pompidou）倡议兴建一座大型的多功能文化中心，用一种前所未有的现代性面貌讲述正在进行时的巴黎，为民众收藏并展示属于这个时代的先锋绘画、装置、设计……设计者是从 49 个国家的 681 个方案中胜出的意大利的伦佐·皮亚诺（Renzo Piano）和英国的理查德·罗杰斯（Richard George Rogers）。文化中心于 1972 年正式动工，1977 年建成，同年 2 月开馆（图 143、图 144）。乔治·蓬皮杜在 1974 年去世，为了纪念提出这项开创性计划的前总统，继任者用他的名字命名了这个文化中心。

蓬皮杜国家艺术文化中心（Centre national d'art et de culture Georges-Pompidou）建筑最明显的标志就是外露的钢骨结构以及复杂的管线。建筑完成以后，引起极多的争议。由于一反巴黎的传统建筑风格，许多巴黎市民无法接受，但却得到了艺术界和社会各界的大力支持，《纽约时报》曾高度评价其独特的后现代主义的建筑理念。尽管对其建筑的争议从未停止，但开馆二十多年，蓬皮杜国家文化艺术中心就已吸引超过一亿五千万人次入馆参观。蓬皮杜国家艺术文化中心长 166 米、宽 60 米、高 42 米；共 10 层，其中 4 层在地下；每层面积为 7500 平方米；艺术中心有 5900 平方米供临时性展览使用，12210 平方米用于展示永久收藏；艺术中心有 2 间电影放映厅，分别有

315 和 144 个座位；有 1 间演出大厅，384 个座位；有 1 间会议大厅，158 个座位；公共资讯图书馆中有 10400 平方米的公共阅读区，可容纳 2200 名读者；康定斯基图书馆中有 2600 平方米的区域对外开放。总建筑体积为 418320 立方米的蓬皮杜中心，除外部 28 根 49 米高的钢管柱支撑外，内部没有一根立柱；而通常被包裹于建筑内部的楼梯（自动扶梯）及复杂的管线、空间桁架、暖通设备等，则通通裸露在外，让人一览无余。对于如此设计的目的，罗杰斯这样解释：充分释放整个内部空间，赋予人们最大的活动自由；而且由于楼板可以移动，展览区域和工作区的安排可以根据活动的类型进行相应的调整。而伦佐・皮亚诺则浪漫地宣称，他的目的“是创造一部‘愉悦的城市机器’，就像直接从儒勒・凡尔纳的小说里走出来一样”。如果说金属的框架结构让这座建筑拥有了机器的外观，那么正是由于这样的结构所创造的灵活性，为“机器”注入了灵魂。而他们的设计理念也恰恰符合了现代主义艺术的自由和革新的理念。倘若站在蓬皮杜中心面前，观众一定会被它醒目、搭配和谐的色彩吸引。其实，最初的建筑方案把所有暴露在建筑物背面（面向街道一侧）的管线都设计为白色，但在乔治・蓬皮杜总统的建议下，建筑师们决定用四种颜色为建筑的外立面“编码”：蓝色，代表空气的流动（空调管道）；黄色，代表电的流动（电力管道）；绿色，代表水的流动（排水管道）；红色，代表人的流动（人行通道）。除此之外，蓬皮杜中心还有一个主色——透明，还有一个亮点——Piazza 广场。以前的波堡区，是一个死气沉沉的停车场，现在因为蓬皮杜广场而充满魅力。突然之间，这里成为生活与聚会的好地方，成为一切皆有可能的地方。令人驻足的街头表演、各种难以置信的即兴事件、在 Piazza 广场的开放空间中任意铺开来。作为 20 世纪雕塑艺术和现代艺术史上最具代表性的艺术家之一：康斯坦丁・布朗库西 (Constantin Brancusi）工作室现坐落于蓬皮杜中心广场。布朗库西于 1876 年出生于罗马尼亚，1904 年起在巴黎生活和工作，其大部分作品都在巴黎创作。1957 年逝世后，按照艺术家意愿将工作室整体捐献给法国政府。1997 年，布朗库西工作室依其原有布局重建完成，其中共包含137件雕塑作品、87件原始雕像底座、41幅素描作品、2幅油画及1600多件玻璃相片底片和原版摄影印刷作品。蓬皮杜国家艺术文化中心是一座复合式建筑，除了我们最熟悉的法国国立现代美术馆外，还有声学、音乐研究协作学院和公共资讯图书馆三部分组成。1—3层有公共资讯图书馆、康定斯基图书馆。艺术中心还设有声学、音乐研究协作学院。法国著名的前卫电声艺术音乐研究所，坐落于蓬皮杜中心建筑东侧的喷泉下方，它是许多重要电子声学音乐的诞生地。IRCAM[4]极力推动着不同学科间相互关系的研究，是让艺术家、雕塑家、建筑师、音乐家们互相交流，并让造型艺术、视觉艺术、声音艺术、戏剧、诗歌、声音之间相互交融的“大熔炉”。

丹托[5]敏锐地觉察到，罗杰斯和皮亚诺设计的蓬皮杜艺术中心实际上体现了人们对于美术馆传统期待的改变。而这种期待暗示着人们开始更加重视观看之外的种种体验，比如，一个美术馆的入口是观众参观藏品陈列展的开始，“但没有任何别的东西会让将来的美术馆参观者更沮丧不已的了，就是说，他进了美术馆大门就觉得自己面对的是仿佛无穷无尽的台阶，只有登上这些台阶才能到达他的对象”。让参观者以何种“体验”开始观看，转化成了美术馆对如何设定入口的思考。贝聿铭将卢浮宫的入口设计为观众需要通过玻璃金字塔往下走，穿过庭院之后再往上走，然后有选择地进入到馆内参观，改变了观众必须走上很久才可以进入到陈列展厅的历史（图145）。其实在此前由贝聿铭主持设计的华盛顿国家美术馆新馆就通过一个地下的“时光通道”（图146）将新馆和老馆联系在一起，在广场地面上通过一些小型的玻璃金字塔照明。虽然，此前对华盛顿国家美术馆新馆有了成功探索，但是在卢浮宫博物馆的改造项目上，贝聿铭的玻璃金字塔的设计方案还是遭到很多人的反对，并且形成了激烈的争论。反对的声音主要集中在：由玻璃和金属制成的金字塔（图147），无论是建设风格还是材料都与周边古典建筑不协调，这样一个重要设计项目也不应交给外国设计师完成。在当时，建筑师协会的保守人士甚至致信总统表达不满。他在信中强调：新卢浮宫的设计交给了一位华裔建筑设计师，拉德芳斯交

图 145　卢浮宫内建成于十九世纪中叶的楼梯

图 146 连接华盛顿国家美术馆东、西馆的“时光隧道”

图 147 卢浮宫博物馆外景

给一位丹麦人，巴士底的歌剧院交给了意大利人。其实这样的抨击并不新鲜，当时在选择由罗杰斯和皮亚诺设计蓬皮杜艺术中心的时候，他们就已经表达了不满。相反，十名获得过国家设计大奖的建筑师，其中包括保罗·安德鲁（Paul Andreu）、保罗·谢莫托夫、皮埃尔·里布莱（Pierre Boulle）等人都支持贝聿铭的设计。他们在《世界报》撰文，认为现在的卢浮宫本身就是“四个世纪以来一直延续下来的系列改造和变化结果”，并认为在“在卢浮宫的中心，我们完全可以看到，一个象征性的符号可以焕发明显的当代性”。皮埃尔·布列兹[6]在1985年2月25日的《早报》发表文章反对那些保守观念的论调，他写道：“人们故意将‘国王意志’、金字塔、博物馆的翻新规划、历史古迹的不可侵犯性、建筑师的国籍以及一些不重要的东西混在一起谈，以至于大家的头脑都混乱了，大家已经分不清楚究竟是国王的意志引来了亵渎神灵的建筑，是金字塔象征了整个规划具有缺陷，还是外国人的侵略使得我们自己的天才总是显示不出来！”这位伟大的作曲家驳斥了一些人将古迹视为一个终结了的场地，永久凝固，不可改变。“对他来说，没有一个‘终极版’的场所。一座城市本身就是一个永不停止地增添、叠加的工作的结果。这是一个明摆着的道理。在罗马，卡皮托山丘上的神庙俯瞰着古老的罗马中庭；在威尼斯，在圣马可广场上

图 148　卢浮宫博物馆“金字塔”的下沉入口

的钟楼比旁边的大教堂晚三个世纪；在巴黎，埃菲尔铁塔位于荣军院的远景之中，而且是在一个半世纪以前建造的。”[7]贝聿铭在文章中提到自己的设计理念：“假如每个人都同意一点，就是需要完善博物馆的功能，帮助参观者进行选择，缩短他们的参观距离，营造一个整体的空间，而不是一个会迷路的，太长的参观路线，那么，我就有信心了。我坚信，在这种情况下，我的解决方法是最好的。”[8]最终的设计也正如贝聿铭所说的，新卢浮宫公共设施委员会主席埃米尔・比亚西尼（Emile Biasini）在评价报告中写道：“金字塔只是一个巨大的地下层的表面露出的部分，这个地下层（图 148）的设立是根据卢浮宫博物馆的根本需要以及不动原建筑的原则而定的。金字塔是整个建筑最终的、可看见的部分，整个建筑是一个被‘埋在地下’的建筑，金字塔就是它的穹顶。这个

图 149 华盛顿国家美术馆西翼，老馆大理石台阶入口

图 150 纽约现代艺术博物馆的入口

地下建筑的建造遵从一种不可反驳的内在逻辑：将卢浮宫两边的楼连成一个高密度的整体，为它提供以前严重缺少的接待、技术管理和学术研究的空间。”确实，通过这一设计，很好地解决了卢浮宫作为博物馆的“深层需求”：仓库、资料中心、餐饮、接待。报告总结说，只有这样，才能让卢浮宫不仅仅成为世界上最大的博物馆，而且还是技术上最先进的。修复中世纪的古城堡和圆楼，以及建一座玻璃金字塔是“同一个逻辑的两个极。它们相互补充。回忆它的根，是为了在未来走得更远”[9]。1989 年春天，在新卢浮宫金字塔向公众开放的时候，曾经表示反对的舆论界和报界一起转变了态度。

MoMA 位于纽约时尚而拥挤的中心区，博物馆入口面对繁华的街道，最初的设计是如进入宫殿一般，必须在经过一组大理石台阶之后才能进入博物馆，后来才改变为入口与街面保持齐平。在美国惠特尼美术馆、波士顿美术馆和古根海姆美术馆都是这样的入口设计。而华盛顿国家美术馆更是突显了这一变化，西翼（1941 年建）的老馆为大理石台阶入口，而东翼（1978 建）入口则与街道相平。这种改变也被视为美术馆少了一些高高在上的凌人之气，而多了一些更为民主的姿态。（图 149、图 150）

美术馆的改变体现在设计之中，而这一切改变也体现了“形式服务与功能”

图 151 纽约现代艺术博物馆的藏品长期陈列展厅

成为展览场馆设计者的座右铭。爱德华·拉拉比·巴恩斯[10]等无数美国艺术博物馆设计者确信，美术馆的设计不应着眼于一个建筑纪念碑，而是应该着眼于服从艺术、服从进入美术馆的大众。[11]发明了一种新的展览空间，朴素的白墙代替了烦琐的带有装饰的墙面，这是对传统展厅范式的一种革新，目的在于建立一种艺术品与外界的相对独立的空间，强调观众对作品本身以及作品与艺术运动的关注和体验（图 151）。奥杜赫提将此描述为“理想的陈列馆，应该抽取艺术作品所有与外界的关联，避免艺术受到干扰……理想的展示场所具有保持着传统规则的场所所拥有的气氛……有些教堂的神圣、法庭的庄严和实验

图 152　古根海姆美术馆外观

图 153　古根海姆美术馆展厅

室的神秘，加一点时式的设计，生成一种独特的美学空间。”[12] 对于如何设计美术馆的建筑和展览空间，以便更加有利于观众参观藏品陈列的讨论还在继续，这里既有对新奇美术馆建筑和空间设计的肯定，也有各种的否定。比如，1959年新建成的古根海姆美术馆[13]（图 152、图 153），作为经典建筑范例被广泛赞誉，但是针对螺旋上升的单线性结构的展示空间却出现了争论。支持者认为这样设计可以为参观者提供轻松、自由的参观方式，而批评者则认为这种单线性的结构是难以组织和展示藏品陈列的，因为艺术史观念的丰富性可能无法得到展现，在一条通道的展示中，多少会形成一件艺术品影响另一件的类似于图解陈列。

二、环境营造与服务设施的改善

美术馆为了使观众有更好的藏品长期陈列展览的参观体验，在其他方面也同样尝试着做出改善。例如，在观众的参观环境营造以及服务设施方面的各种考虑。（图 154）

“产生博物馆疲劳症的部分原因，恐怕是由于观众浏览的展厅过多，停留的时间过长。因此，为了舒适起见，且能符合其他方面的要求，铺设地垫的问

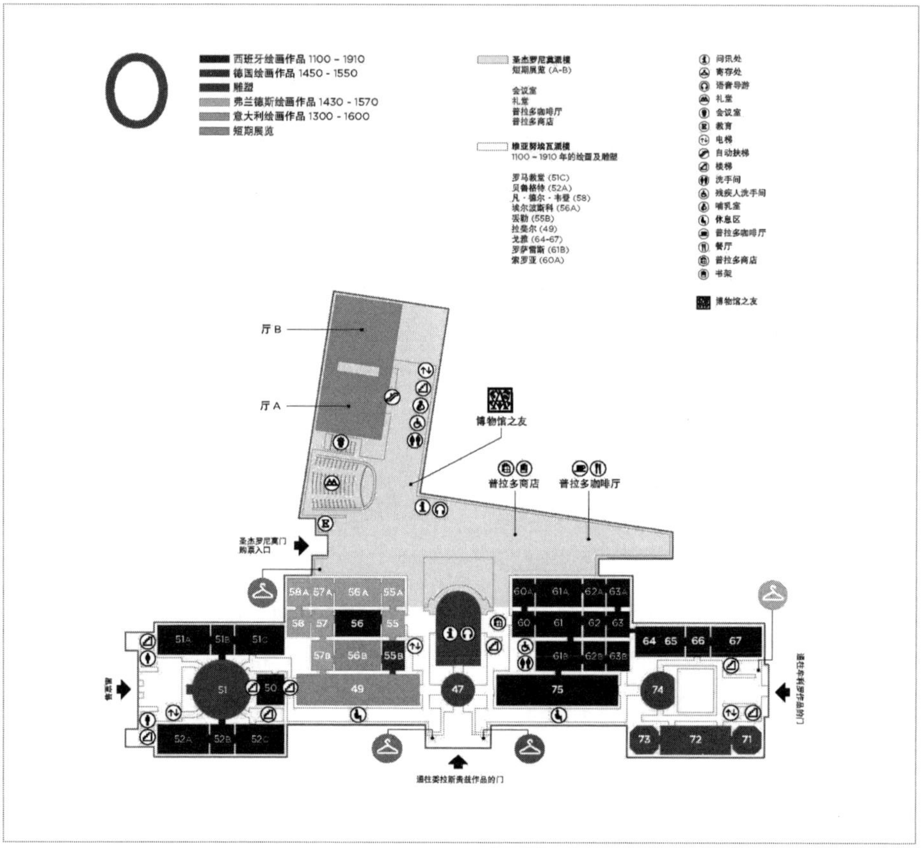

图 154　普拉多美术馆的平面图（局部）

题值得有关部门斟酌权衡。国家美术馆正在尝试使用尼龙垫，它的脚感舒适，而且显然经久耐用，可以采用暗淡的色泽。人们或许期待着在不久的将来，参观美术馆将会更加舒适惬意。”[14] 在美国大多数的现代艺术博物馆的藏品长期陈列展厅内，地面都铺设地毯，除了可以在色彩上满足展厅的设计需求之外，更重要的是让观众在长时间参观如此大体量的展览的时候，脚下是相对更舒适的地毯而不是坚实的大理石地面。（图 155、图 156）

图 155 大都会艺术博物馆内的餐厅

图 156 MoMA 在长期陈列展厅铺设了地毯

与此相关的辅助性服务还有很多，如参观一个美术馆藏品陈列展的时候，在入口处观众通常会取到一份免费的宣传册（通常有几种不同的语言），宣传册上除了对美术馆的历史的简要介绍之外，还标出了展区、洗手间、咖啡厅、餐厅以及商店等。宣传册上还有一些对于参观美术馆更加实用的信息，如陈列展的结构与分布，重要藏品的陈列位置等。这样清晰准确地标注，不但可以让观众对美术馆的藏品陈列有一个宏观的认识，也便于他们找到自己想要重点观看的艺术品。

观众也可以根据各自不同的需求，选择语音导览或者专业讲解；需要帮助的残疾人也可以在咨询处找到相关的辅助设施，观众各种需要咨询的问题在此也可以得到解答。这些在最初的美术馆是没有的，至少是不被重视的，现代美术馆发展开始重视与观众参观展览息息相关的各种辅助功能的完善，以便提供更加人性化的服务。

第二节
公共教育与宣传推广

一、美术馆的公共教育

美术馆所承担的公共文化服务功能是运用其人力资源、藏品等，为社会和公众提供与美术馆工作直接或间接相关的各种服务。美术馆公共文化服务已经成为塑造美好心灵、丰富公众精神世界的最好形式之一。

1. 以创新方式打造公共教育品牌项目

乌菲齐美术馆馆长埃克·施密特（Eike Schmidt）在接受《艺术新闻》杂志采访时讲述了乌菲齐美术馆正在执行的一项计划已久的针对藏品的重大调整：将文艺复兴大师拉斐尔（Raphael）创作于1504—1505年间的两幅重要肖像画——《阿格诺洛·多尼》(Agnolo Doni)及《玛达莱娜·斯特罗齐》(Maddalena Strozzi）转移至乌菲齐美术馆的41号展厅。在被称作“拉斐尔和米开朗基罗作品展厅”的新空间里，这两幅描绘佛罗伦萨富商阿格诺洛·多尼及妻子玛达莱娜·斯特罗齐多尼的肖像画被放置在米开朗基罗（Michelangelo）所绘制的《圣家族》（Holy Family）旁边。为了让观众有机会欣赏到多尼夫妇肖像画背后的双联画，施密特和策展团队特别设计了一种立式玻璃展柜，让观众可以

图 157 在新展厅中并置展出的《阿格诺洛·多尼》及《玛达莱娜·斯特罗齐》

图 158 在新展厅中被并置的《阿格诺洛·多尼》及《玛达莱娜·斯特罗齐》作品的背面

环绕画作走动以同时欣赏到它们的正反两面（图 157、图 158）。两幅画作背面是一组古希腊神话主题的双联画，描绘的是在大洪水后，建造方舟逃过一劫的最后幸存者丢卡利翁（Deucalion）和他的妻子碧拉（Pyrrha）。这组双连画是由拉斐尔工作室中一位名为“塞鲁米多大师”（Master of Serumido）的艺术家创作的，表达了对多尼夫妇婚姻幸福、多子多孙的美好祝愿。“拉斐尔和米开朗基罗作品展厅”并不是唯一一个经过调整的新展厅，波提切利（Botticelli）展厅、达·芬奇（Da Vinci）展厅都进行了调整，在另一个展厅中还将同时并列卡拉瓦乔与伦勃朗的作品。馆长施密特表示：“乌菲齐美术馆的展厅中拥有世界上最著名的艺术作品，需要思考的是我们如何对作品的位置进行调整，重新并置和组合，以激发大家的观看与思考。”同时，在参观时间上也进行了调整。美术馆从早上 8 点 15 开馆至晚上 6 点 50 闭馆。但在 6—9 月的参观旺季，美术馆会在每周二将服务时间延长至晚上 10 点。每周三也会延长至晚上 10 点，这样的举措受到了公众的欢迎。“我们也很重视美术馆的教育环节。事实上在我刚刚上任的时候，教育部只有 3.5 个人，其中这 0.5 个人指的是一位即将退休的员工。而现在的教育部有 9 位全职人员，总共 12 位合约制员工。我们的教育项目非常迅速地在成长，并希望有更多的员工，但这并不是一蹴而就的，必须有机制的、一步步建立起来。在公共教育方面，在过去的 12 年间，美术馆的全职员工人数翻了三倍。有一些学校项目，比如针对当地学生的特别项目，美术馆可以让学生在闭馆日免费参观美术馆。在那一天，佛罗伦萨的孩子们可以和他们的老师成为乌菲齐的主人，在空荡荡的走廊里，坐于世界名作之前。这将成为他们永生难忘、独一无二的经历。这是非常重要的，让一个孩子与文化遗产产生联系，成为他们毕生的宝贵财产和身份认知，也是乌菲齐非常重要的支柱之一。”

乌菲齐美术馆另一个非常重要的教育项目是“艺术大使的美术馆教育者”。美术馆会安排专家去学校教授一系列的课程，课程结束后，学生们到美术馆进行为期两周的实习，为观众进行导览、提供参观信息。这是一个非常受欢迎的项目。学生们可以使用外语给参观者进行导览。这对于学生和观众来说都是一次很好公开交流和学习机会。至今，已有 30 多个学校、100 多个班级、2000 多名青少年、参与到这个项目中，这是一个巨大的成功。其实，在 1769 年乌菲齐成为公共美术馆时，就已经计划把美术馆打造成一个交流知识、思想的平台。

作为中国唯一的国家级美术馆，中国美术馆始终坚持为观众服务宗旨，向观众提供多样的美术馆文化。2006 年，中国美术馆组建志愿者服务队伍，成为全国最早拥有志愿服务的美术馆。中国美术馆丰富的藏品资源和形式多样的展览活动，是吸引大量优秀志愿者加入的重要因素，加之北京作为国际大都市，受志愿者文化和志愿者服务实践的影响较早、较深，奉献精神已经成为中国美术馆志愿者队伍的文化内核。进入新时代，人民群众更加注重高质量精神文化生活。同时，随着博物馆、美术馆免费开放政策的实施，美术馆加快了创新发展的步伐，与社会各个领域建立了更加广泛的联系。2021 年 6 月，中国美术馆与百度等科技公司合作，利用 VR 全景技术、虚拟体验、智能导览等技术，搭建了移动端的线上全景展厅（图 159）；通过 BOE 画屏线上平台推广及终端内容推送等方式，馆藏作品累计参观人数达 1100 万人次。此外，中国美术馆还

图 159 中国美术馆“不朽的传承——法兰西艺术院院士作品展”虚拟展厅

特别邀请中央广播电视总台知名主持人、著名表演艺术家等担任讲解员。运用新技术和新传播方式，通过展签扫码，观众就可以听到这些熟悉的声音为自己讲解美术经典作品。美术馆公共教育部还与新华网合作，依托经典美术作品《马克思和恩格斯像》《而今迈步从头越》等撰写、录制导赏音频，总点击量达230万。其中“伟大征程 时代画卷——庆祝中国共产党成立100周年美术作品展”期间，共293人次志愿者共参与服务1456小时，服务观众8000余人；接待团体讲解20家2000余人，同时组织、协调馆内专家，接待团体参观共计60场。这些生动新颖的公教方式深受人民群众的喜爱，也让展览的线上总观看量突破了3亿人次。

少年儿童是中国美术馆公共教育服务的重要人群。近年来，中国美术馆在有效整合各方资源、贯通关键环节的基础上，开展了“童绘美丽家园”“关爱自闭症儿童系列公益活动”“‘美在新时代’助力中小学美育志愿服务项目”“小小志愿者”等富有创新性的品牌少儿教育活动。

在2015年儿童节来临之际，中国美术馆举行了“童绘美丽家园”迎“六一”大型公益活动。与历届“六一”绘画活动不同，参与这次活动的孩子多是外地

图 160　在展厅上美术课的学生

在京务工人员的子女，他们在这里与中国美术馆人同绘美丽家园，用稚嫩但充满创造力的画笔描绘出他们心中的美好家园。馆长吴为山鼓励小朋友利用当下美术馆丰富的艺术资源，提升审美能力，拓展创作边界，他说："美术馆里不仅仅有美的绘画、美的雕塑，也应该有美的人。中国美术馆肩负着国家美术殿堂和公共文化服务平台双重身份，努力打造艺术家的殿堂、大众美育的课堂、国际交流的课堂。一直以来，中国美术馆倡导广大青少年走进美术馆，培养艺术眼光，提高孩子的艺术素质。"

在美术馆的展厅里经常有孩子们在一幅幅经典佳作前流连忘返，他们在心仪的名作前拿出画板、画笔，或蹲坐，或趴卧，认真地临摹学习（图 160、图

161）。为了让公众感受到自家会客厅般的温暖，努力办好人民的美术馆，公共教育部设计制作了“中国美术馆爱心坐垫”供观众免费使用，以此传递美的温度，让观众画得更自由、更温暖。“爱心坐垫”在设计上选取馆藏作品中吴昌硕、齐白石、吴冠中等艺术大家作品中的元素，体现了中国美术馆的艺术特色与格调，受到广大家长和小朋友们的喜爱，成为展厅的又一道亮丽风景。

图 161 中国美术馆志愿者导览

为更好地推动青少年美育工作，使青少年亲身感受“一带一路”倡议下国际人文交流的独特魅力，2022 年中国美术馆还举办了“青少年共绘丝路”公共教育活动，吸引了来自北京市府学胡同小学、灯市口小学等多个城区的 50 名青少年积极参与。青少年朋友们汇聚中国美术馆，用多彩的画笔共同绘就丝路长卷，饱含着他们对世界不同文明的热爱、向往和赞美，对构建人类命运共同体思想内涵的认识和理解。通过“共绘”的方式，青少年们对丝路的自然风光和人文景观有了与众不同的体验和了解，并通过艺术语言深刻体会到“和平合作、开放包容、互学互鉴、互利共赢”的新时代丝路精神与内涵。中国美术馆牵头成立“丝绸之路国际美术馆联盟”“金砖国家美术馆联盟”，作为国际文化交流的窗口，中国美术馆将进一步加强多元文明交流互鉴，促进多元文化的融合。

图 162 中国美术馆展厅的儿童美术活动

图 163 卢浮宫展厅里的儿童美术活动

2. 加强资源整合，推动全社会美育发展

中国美术馆通过策划丰富多彩的线上展览和公共教育活动，推陈出新，举全馆之力打造受公众欢迎的公共教育品牌活动。由公共教育部、艺术传媒推广部召集馆内各部门的青年专业人员为美术馆经典作品撰写讲解词、录制导赏视频，为经典的馆藏作品留下了生动的音视频资料。为广大观众在线上观展带来了极大的便利。“展品云讲解”视频已在各大网站平台上线，观众反响热烈，好评如潮。通过重新梳理甄选精品素材，辅助图文资料，中国美术馆还将“大师讲大美”“中国美术馆之夜”等知名教育品牌资源，以“中国美术馆云课堂”的全新形象上线，丰富了讲解内容，深化了公众对艺术知识的理解，领略艺术大师的审美体悟与人文情怀。为进一步实现以美育人、寓教于乐，中国美术馆官网的“视频资源”栏目推出了各个展览现场的视频，让观众通过手机等新媒

体客户端就可以了解展览详情，“艺术公开课”栏目提供了上百期的“中国美术馆讲堂”现场视频，并辅以历史背景解析、美学阐释等相关阅读，让人们听懂、看懂，促进了公众对优秀传统文化的理解和学习。（图 162、图 163）

中国美术馆秉承“兼收并蓄”的理念，兼顾广度与深度的教育项目以适应大众的审美需求为出发点，打造了从多角度切入探讨美术与其他学科相关话题的“大师讲大美”学术讲坛。2015 年，在吴为山馆长的倡议和积极推动下，以“大视野、大情怀和文化大美，用大美之艺和大爱之心化育大众，提升审美素养”为立意的“大师讲大美”学术论坛在中国美术馆开讲。杨振宁、余秋雨、刘梦溪、李前宽、肖桂云，以及来自大英博物馆、白俄罗斯博物馆等各领域专家、国际知名学者纷纷做客“大师讲大美”学术讲坛，讲座让观众聆听了科学大家、文学巨匠对“美”的独到见解，令观众从更开阔的视野获悉自然、社会、人文各学科之间的联系，为观众打开了一扇通往艺术之美的大门。陆续开展艺术与人文、艺术与文学翻译、艺术与电影、艺术与体育等多学科艺术的跨界讲座，中国美术馆“大师讲大美”学术论坛以前所未有的美育方式从多角度探讨美育，强调话题的跨学科性与学术性，启迪民众，带动人们思考并完成认知上的飞跃。

二、美术馆展览宣传推广

不同类型美术馆和艺术机构宣传推广的目的也不尽相同，以公立美术馆为例，美国的公立美术馆在对待展览、宣传以及美术馆的管理的理念上与欧洲美术馆有很大的区别。比如，无论是大都会艺术博物馆还是华盛顿国家美术馆早在十几年前就允许观众在美术馆拍照和留影，观众可以在不开闪光灯的前提下，完全自主在展厅拍摄自己想拍的每一件作品。但是，在欧洲许多国家如西班牙、英国、荷兰的美术馆，是不允许拍照的。这就呈现出美术馆在对待藏品与公众的态度上的一个显著的区别。但是随着现代美术馆学的发展，管理人才的交融，有些不允许拍照的美术馆也做出了让步。乌菲齐美术馆馆长艾克·施密特

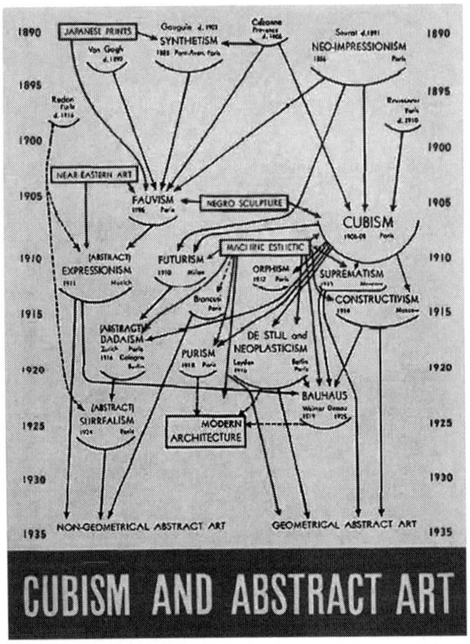

图 164 1936年阿尔弗雷德·巴尔“立体主义和抽象主义”展览目录

曾担任华盛顿国家美术馆的策展人，以及保罗·盖蒂博物馆（J. Paul Getty Museum）雕塑和装饰艺术系的策展人，他将他在美国的工作理念带入乌菲齐美术馆，为美术馆带来了诸多的改变。2015 年乌菲齐美术馆吸引了 180 万到 190 万参观者，2017 年则达到 220 万。

众所周知，宣传与营销的开端最早在商业上，不管是人们经常看到的各类商业广告、体育广告以及明星代言都属于宣传与营销的最直观的手段。但是，美术馆的展览宣传与商业营销有很大的区别：展览的宣传是关于艺术和艺术家的，在这一点上，美术馆展览的宣传与舞台剧、古典乐、戏剧的演出宣传更接近一些。虽然其中也有消费的部分，但艺术才是它最主要的价值所在。回顾美术馆的历史会发现，关于美术馆的展览的宣传，是伴随着现代意义的美术馆诞生的那一刻就开始的。进入到 20 世纪，现代美术馆的发展逐渐趋于专业化与大众化相融合。MoMA 的首任馆长阿尔弗雷德·巴尔策划的“立体主义和抽象主义”展览（图 164），将欧洲的现代主义艺术家和他们的作品真正意义上介绍到美国，对美国艺术的发展尤其是战后艺术的发展有着非比寻常的意义。展览中，巴尔手绘的艺术发展关系图，也是展览的海报。一方面是对展览内容的视觉直观呈现宣传，另一方面也介绍了展览策展内容的逻辑，并进行了相关意义的阐释。所以，今天当我们谈到一个展览如何宣传的时候，依旧绕不开这两个部分。不同的是，今天的技术手段更多元，获取资讯的方式更加快捷，这也改变了我们接收信息的方式。

比如，图像在如今的宣传与营销中比文字更容易被接受，而图像又逐渐被短视频替代。媒介也是宣传和营销的发生场。另一方面，今天，一个公立美术馆对展览的宣传也绝非仅仅宣传展览本身，更多时候是对一种价值理念的宣传，对美术馆学术姿态的确立以及对美术馆影响力的加强。展览的宣传是构建和塑造一个美术馆形象和标识的重要手段，对美术馆的发展至关重要。我们应当将展览宣传视为一种“大宣传”的概念，而不只是局限于媒体报道这一小的范畴。

1. 兼顾学术性与大众性，宣传多元覆盖广泛

公立美术馆是国家公共文化服务体系的重要组成，作为国家的公益性事业单位，既要做好学术立馆，更要做好对社会公众的美育传播，丰富人民群众的精神文化生活。所以，在宣传中要全面地考虑到不同的受众群体，既要面向专业的艺术研究者、艺术家，也要对社会公众做好普及和宣传。美术馆在撰写宣传文案和选择宣传媒体时应该全面考虑到观众和受众群体的不同，尽可能做到广泛的覆盖，全面地报道。中国美术馆在对外宣传上保持了鲜明的“进行时”“行进感”，向公众及时、准确、有效提供展览项目、馆藏资源、教育活动等信息，拉近艺术与大众的距离。2019 年中国美术馆门户网站发布信息 1049 条，官方微信公众号推送新闻 119 条；与全国百家媒体建立合作关系，特别是与中央电视台、人民日报、新华社、光明日报、中国文化报等主流媒体保持密切联系，全年各大媒体累计报道中国美术馆新闻达 4500 余条；并与中央电视台合作，启动制作纪录片《美术里的中国》；此外，为顺应传播规律，中国美术馆开设了抖音账号，制作短视频在网络推广，使传统媒体与新媒体有机融合，形成宣传工作组合拳，让经典藏品以当代时尚的方式在年轻人中迸发活力。由此可见，一个美术馆展览的宣传一定是与这个美术馆的定位相符合的。

2. 客观准确，专业规范，突出艺术性

公立美术馆无论是在展览的策划还是在宣传方面，都应注意规范化和专业化。无论是国家美术馆还是其他公立美术馆，当对展览中的艺术家和作品进行宣传和报道的时候，都应客观、准确和规范，不可虚假式宣传和夸大宣传。展览宣传的材料，包括每一个图注信息、每一段展览介绍文字，都应该保证其学术规范。在宣传品的设计方面应突出艺术性并做到整体风格协调统一，如海报设计、影像拍摄、展厅效果、作品介绍等，要在所有细节中将艺术性、设计感和创意等发挥到最好。一个优秀的现代美术馆在任何一个展览宣传中都应将他们艺术观念与设计方案完美结合，体现美术馆的价值理念，更好地与观众沟通，让观众接受并因此走进美术馆。

第三节
策展理念转变的原因与理论分析

通过前文的梳理与分析可以看出，美术馆的藏品长期陈列从最开始的以藏品为中心，逐渐发展为以观众为中心。在展示方式上，以重视观看和体验为目的的多元呈现代替了以严格的时间发展顺序呈现艺术史为准则的陈列方式。这种变化既体现在展览呈现的方式上，同时也体现在展览策划的理念中。对此，人们不禁会产生疑问，藏品长期陈列作为美术馆对藏品研究、展示和为观众提供教育、学习、娱乐的重要的载体，它自身的改变是如何发生的，而这些改变又具有怎样的意义。

一、来自艺术作品和观念的拓展

“高桥智子（Tomoko Takahashi）的《画室》（Drawing Room），是泰特现代美术馆 2002 年购入的一件作品，由 9000 多张纸片组成，作为装置的一部分覆盖了整间美术馆房间。”[15] 提诺·赛格尔（Tino Sehgal）[16] 的《一次进程》（This Progress）是观众和“作品”间的对话，而“作品”则是不同年纪、不同职业的“志愿者”，抑或可以说是接受了提诺·赛格尔培训的阐释者，他们引导着观众，又受观众答案的影响，这些互动和言语构成了这件充斥在美术馆空间的作品，他们间的这种即兴的互动即是这个展览的全部。（图 165）

图 165 《一次进程》(This Progress）在古根海姆美术馆的展览

这些来自艺术品自身的改变，其实影响着美术馆在展示上的改变。就如南希·艾因瑞恩胡弗描述的“唐纳德·贾德（Donald judd）的铝质方块是地地道道的铝质方块，没有想象和隐喻，离开纯净的白壁陈列馆，将极易被世俗环境所吞噬”一样，美术馆无法回避的即是已经发生的艺术自身的改变必将作用于美术馆对这些艺术品的展示方式，而另外一层意思则是美术馆的展示空间会影响一件艺术品的展示和观众的观看。前者对于美术馆的展示空间提出要求，因为现当代艺术的发展是对过去艺术样式的“颠覆”，同时，新的艺术还将“改变”指向了展示艺术品的美术馆空间，一种适合展示新艺术的空间由此诞生。“所有的作品应该置于一种新的空间展示，而非宫殿式或教堂式的空间展示。”[17] 而后者则验证了展示空间也已变成藏品阐释的一部分（图 166）。这也提示了我们“陈列空间”开始成为美术馆必须考虑的重要部分。18 世纪现代意义上美术馆开放，原属皇室收藏的“珍宝”在古典、奢华的展示空间中陈列；而现代主义运动[18]之后，美术馆理想的展示空间被定义为无特征的、白色的，适合现代艺术的陈列。正是这些已成为既定历史的艺术与美术馆演进的过去，将“展示空间”的特性与“艺术品”的“风格属性”建立起了某种内在关联。纽约古根海姆美术馆开馆之初，就尝试将馆藏的抽象表现主义等作品不配外框进行展示。该馆创始人佩吉·古根海姆（Peggy Guggenheim）将此描述为：“颠覆传统的方式展示这些收藏是创办美术馆的初衷。”

美术馆在展示方式上的突破，正是来源于现代主义绘画的艺术理念，如极简艺术及抽象艺术所追求的正是突破画框对画面的限制，寻求画作为一个与空间存在的整体，探索新的架上绘画的边界。佩姬所尝试的各种新的展陈方

图 166 唐纳德·贾德作品在新加坡国家美术馆

图 167 策展理念的转变分析

式，也正是现代美术馆为回应杜尚（Marcel Duchamp）、康定斯基（Wassily Kandinsky）这些艺术家在艺术创造上的探索。可以说，纽约古根海姆美术馆充满创新的展陈呈现，重建了艺术品与美术馆空间的一种新型的关系，创造了一种更具有启发性的新空间。

建筑师西萨·佩里[19]在 1984 年进行 MoMA 的建筑改造时讲道："现代艺术博物馆不可思议地完善了现代艺术展示的理论与取向，我们要做的只是利用它而已。"展示空间与所陈列的艺术品之间的关系是否成立，在人们看来已经明显成了一种优劣判断的潜在标准。现代艺术作品应该出现在怎样的空间中，而更早些时候的绘画应该在何处展示，艺术品与空间的对应关系开始影响美术馆的工作者在考虑藏品陈列展时所做出的决定，既不能将"展示空间"与藏品两者孤立开来思考问题，又要对两者之间的关系引起足够的重视（图 167）。

二、来自美术馆对藏品的深入研究成果

美术馆藏品陈列展的策划，首先需要策展人对本馆藏品有扎实和深入的研究。只有这样，展览才可能有一个比较学术和系统的呈现。事实上，很多美术馆所推出的本馆藏品的展览，大都来自美术馆策展人对某一件或一批藏品的最新研究成果。比如，2021 年德国德累斯顿国家艺术收藏馆推出的维米尔（Johannes Vermeer）特展“Johannes Vermeer. Vom Innehalten”，展出了一幅受到广泛关注的“新作品”——《窗边读信的少女》（*Girl Reading a Letter at an Open Window*）(1657—1659)。这件作品是维米尔最知名的作品之一，由弗里德里希·奥古斯特二世（Friedrich August II）于 1742 年在巴黎购得，后成为德累斯顿国家艺术收藏馆最珍贵的馆藏之一。历史上这件作品曾一度被归于伦勃朗的学生戈弗特·弗林克（Govaert Flinck）创作，在 1826 年又被认为是 17 世纪荷兰风俗画派画家彼得·德·霍赫（Pieter de Hooch）的作品，直到 1880 年才被确认为出自维米尔之手。但近年由国际专家委员会支持的对该油画的修复工作中却有了新的发现：虽然《窗边读信的少女》中藏有“画中画”这件事早在 1979 年就被发现，当年通过 X 射线就已发现小天使丘比特的存在。但是因为技术有限，在很长一段时间内，人们都认为是维米尔本人在绘制小天使之后又将其覆盖。《窗边读信的女孩》在 2002—2004 年又经历过一次全面修复。2017 年，德累斯顿国家艺术收藏馆再次启动了修复《窗边读信的女孩》的工作。经过研究，得出了惊人的发现：让丘比特“隐身”了的覆盖层（the over-painting）不是维米尔所为，而是他人在其逝世数十后涂盖造成。这块明亮的颜料遮盖区域在 2017—2021 年的修复过程中被逐步祛除，被隐藏了数世纪之久的持弓箭的爱神丘比特和他脚下的两副面具作为“画中画”重见天日。在进一步清除陈旧润饰和涂层后，如今的《窗边读信的少女》终于散发出最初的动人色泽。

油画外观发生了根本性的改变，必须以新的方式来欣赏，将这幅早期的核

心作品回归原貌也将影响对画家整体创作历程的诠释。因此，对这一件藏品最新的研究成果成为本次策展的动因。展览共分为 9 个部分，每个部分都以维米尔的一幅画作为中心展开。从介绍维米尔毕生工作生活的荷兰代尔夫特（Delft）的艺术环境开始，观众会逐步穿越“灵魂的反思”“现实与欺骗”“当时间静止时”“爱的语言”“来自内心的消息”等部分，最后与压台亮相的《窗边读信的少女》相见。除了维米尔的画作，同场展出的还包括 17 世纪下半叶的几十幅荷兰风俗画作品，如上文提到过的彼得·德·霍赫（Pieter de Hooch）、杰拉德·杜（Gerard Dou）等名家之作，为观众提供了观察维米尔艺术历程更为宽广多面的视角。

纵观世界上的重要美术馆推出的最受公众欢迎的展览，往往都是来自各个美术馆珍贵的馆藏，从中国美术馆举办的国内外重要展览就可见一斑。如 2004 年来自法国奥赛美术馆的馆藏展“法国印象派绘画珍品展”，展览期间的参观人数近 30 万；2008 年由中国美术馆与柏林国立博物馆、德累斯顿国家美术馆和慕尼黑巴伐利亚国家绘画收藏馆共同举办的“灵动的风景：穿越德意志艺术时空”也有 10 万余人次参观。在本馆藏品方面的展览更是不胜枚举，比如 2017 年推出的“美在新时代——中国美术馆典藏精品特展（第一期）”日参观量突破 2 万人次，成为轰动京城的文化盛事；2018 年举办的“美美与共——中国美术馆藏国际艺术作品展”，从中国美术馆收藏的外国艺术家的 3500 件作品中，遴选出涉及 60 多个国家的 100 多位艺术家创作的 200 余件精品，形式上涵盖了油画、版画、雕塑、摄影等多种类型。此展也是中国美术馆首次针对本馆国际藏品系统的学术展示。据不完全统计，展览期间，观众高达 11 万 3 千余人次。中国美术馆以典藏系列展览形成品牌，巩固不断扩大藏品利用的发展趋势。典藏活化，就是展示经典、活化精神。自 2015 年中国美术馆举办“典藏活化”系列展的开篇展——“人民的形象”展，中国美术馆已举办“典藏活化”系列展百余个，藏品出库量达到 1.6 万余件 / 套。这些经典作品诠释了中华民族与时俱进的精神与理想情怀，也对今天的美术创作与研究具有重要的启示和引领作用。这些围绕本馆藏品的研究和展览，之所以受到普遍的关注与欢迎，说明藏品是立馆之本，对藏品高水平的保护、研究、展示也将带动策划呈现高水平的展览。

三、文献展、双年展等新形态的展览和策展人的推动

通过对以上案例的概括描述，可以看出随着艺术的发展，艺术理念的拓展，美术馆藏品在展示空间上发生的相应改变。同时，美术馆对于自身建设，尤其是针对藏品开展的深入研究，更是极大地丰富了美术馆藏品展览的面貌，提高了展览策划的水平。而在这一过程中，美术馆的发展与艺术的发展形成了一种一致性的历史，彼此之间显现了紧密的关联性。艺术运动和艺术革新是美术馆转变的推动力，但又不是唯一的力量。美术馆的发展和转型还有其他的外部力量，比如，新形态的展览如双年展以及文献展的出现，更加直接地影响着美术馆在藏品陈列展上的态度和方式。而在此之前以美术馆为中心的展示与观看艺术的方式一直占有绝对意义的主流地位。但是“二战”以后，尤其20世纪后半期，世界范围内的众多艺术事件和展览撼动了这种地位的稳定性。如1955年的卡塞尔文献展（Kassel Documenta）[20],1970年的巴塞尔艺术博览会（Art Basel）[21]等。卡塞尔文献展将展览搬进了更具原本属性的展示空间，如火车站、医院、啤酒厂和民居等。艺术品的展示开始走出美术馆，以超越被既定俗成的“殿堂”或“纯白空间”的展览空间的模式，进入到其他空间，包括社会公共空间和私人空间，既有室内空间，也有户外空间。在当时还并没有完全显示出这种展览形式改变所带来的影响力，但时至今日，以城市为主题的双年展、以美术馆命名的双年展都开始不断地出现时，伴随着独立策展人（independent curator）[22]的诞生，各种更具试验性和独特理念的展览开始频繁出现，并且取得了巨大的成功。大型双年展和文献展以及独立策展人的出现，冲击着美术馆固有的对于展览的态度。这些都是来自“艺术世界”[23]的强大作用力，作为其中重要的组成和发生

图 168 第一届卡塞尔文献展

图 169 独立策展人与艺术史学者

地的美术馆，开始转型，开始反思其公共性、学术权威、民主主义等方面的问题。而藏品长期陈列，由于其展品来自美术馆馆藏的特别属性，以及作为美术馆常态化展览的基本方式，理所应当地受到更多的关注和讨论。美术馆开始思考在藏品陈列方式上应该是传统还是革新，是提供更多美术馆的阐释还是提高观众感受和体验的自由度，等等。进而美术馆藏品陈列展览的策划和呈现被推向了革新的道路（图 168、图 169）。从另一个角度来看这也正是各种新型展览模式和形态的出现，以及策展人的活跃，推动了美术馆藏品长期陈列展览形式和内容的革新。尤其是伦敦泰特现代美术馆、纽约现代艺术博物馆和巴黎蓬皮杜艺术中心等现代美术馆在针对藏品陈列展的策划中，越来越倾向于摒弃单一呈现美术史的信息式介绍，而偏向于强调策展的语境式呈现，不再以说教或者讲授的姿态来呈现展览，而是以探索新颖的策展理念和以更加平等的姿态去激励启迪观众。例如，2019 年，MoMA 最新的藏品长期陈列展厅按照主题布置：“19 世纪的革新者”“抽象与乌托邦”“艺术与生活的边界”“亨利 · 马蒂斯的游泳池”“真实故事”“未来世界”……在此之前，MoMA 也曾对打破时间顺序的藏品陈列展，是否能让观众适应持怀疑态度。但是现在新开放后的 MoMA 把整个永久收藏展厅做成了六十几个小型的主题性特展，以期创造出更为当代人关注和容易接受的思考语境。在同一个展厅里，观众经常能看到不同时期的绘画、雕塑、设计、摄影、装置共聚一堂，将它们联系在一起的就是“主题”。这些改变恰恰来自 MoMA 的策展人对于观众的研究。MoMA 绘画与雕塑部门的安·特姆金（Ann Temkin）自 2008 年被任命为首席策展人后，每周都会举行一个召集各部门负责人和策展人一起参与的例会，讨论跨部门合作方案的各项事宜。他们还会研究 MoMA 的观众数据，2019 年观众量已近 300 万。特姆金女士说：“1970 年的时候，没有人能想象观众量会是这个数字。那时候来 MoMA 的只是一小部分人群，他们对于文化史和美术史都非常熟悉。但是今天的观众，情况已经完全不同了。”作为策展人，她自己就切身体会了这种观众人群的变化所带来的不同。在她为公众作导览时，她兴致盎然地和观众讨论起“野兽派”，再介绍“德国表现主义”……她发现大多数观众并没有学过艺术史，在面对这些抽象的艺术流派和概念时都很陌生。所以，过去学院派的美术馆语言体系，在当下大量涌入美术馆的新群体面前是失效的。所以，现在展厅里，已经不再会按照类似于“达达艺术”“抽象表现主义”这样的美术史概念布置展品。比如，原来展示 20 世纪 60 年代“波普”艺术的展厅，现在的标题为“从汤罐到飞碟”。在这里，安迪·沃霍尔《玛丽莲·梦露》的丝网印作品依然在，但在新的策展语境中，波普艺术已经不再是美术史阐释的“流行文化”的概念，而是超越了这一概念的新的体验。

四、美术馆的学术性与公共性讨论

然而一切的改变并非只是艺术世界内部的相互作用，源自哲学和社会学领域的研究者的思想似乎对此更具影响力。例如，福柯（Michel Foucault）[24]（图 170）在其早期的重要著作《词与物》《古典时期的癫狂史》便已涉及对艺术家和作品的比较研究，而在《这不是一只烟斗》和《马奈的绘画》中，更是以哲学家的立场和视角对马格利特（Rene Magritte）和马奈（Manet）的作品进行了出人意料的分析。福柯的思想对艺术领域产生了重要的影响，推动了美术馆在

图 170 米歇尔·福柯

藏品陈列展中对作品阐释和界定的重新认识。可以说福柯对于马奈绘画的解析，从本质上开启了一种现代性的绘画阐述方式。福柯对马奈的关注也并非偶然的选择，因为马奈的绘画体现了现代时期的思想和知识型特点。福柯在演讲中表明："我绝不想和你们泛泛地谈马奈，我想，我只向你们介绍马奈的10—12幅画作，我将试图分析或至少解释对它们的一些看法。我不会笼统地谈论马奈，甚至不会谈到那些无疑是马奈绘画最重要和最为人熟知的方面。"[25]福柯进行了哲学的思考，"他把绘画分析放在知识构建过程中，把绘画空间表象变成一种新的知识形态的典型图解。"[26]福柯对于历史（档案、文献、画、实物等）所做的当下陈述，以及相关的研究方法，对于那个时代的艺术家和美术馆的管理者产生了重要的影响。此后，在美术史领域中对艺术品进行的历史物质性（historical materiality）阐释，提倡以新的方式对具体的作品进行深入的、更广泛的历史性考察的方法论，以及结构主义和解构主义等的相关讨论不断展开，并一直延续到当下。

而另一位对这一转变产生影响的同时代重要的社会学家布尔迪厄（Pierre Bourdieu）[27]（图 171），则更多是从社会学的角度结合艺术理论进行分析，为现实之中的艺术与机制等诸多复杂问题提供研究思路。他也是最早将研究的目光投向美术馆领域的社会学家，他的理论对现代美术馆的发展产生了深远的影响。早在20世纪60年代，他与达尔贝（Alain Darbel）合著的《对艺术之爱》（The Love Art）就将现代美术馆的批评研究纳入到社会学和哲学的范畴中展开分析。"书中分析了在法国和欧美其他国家美术馆的社会属性和职能，开目前称为‘博物馆批评研究’（critical museum studies）之先河。这一领域在近三十年来，特别是近十年的美国学界逐渐形成了一个跨越社会学、人类学、美术史及文化史的准学科，产生了不少重要的著作。”[28] 可以说这一著作对当下美术馆的发展提供了重要的参考。布尔迪厄将社会学研究的方法引入到美术馆的研究之中，从而对许多含糊问题给予了更为客观的阐释。在《纯美学的历史起源》一文中，他对现代艺术中面临的重要问题“什么让艺术品和简单日常物区分开来”进行了论述，阐释了以康德为代表的哲学家过去对艺术所作的本质分析中的潜在问题，并提出了自己的“艺术场域理论”[29]，这一理论为分析现代社会中复杂的艺术现象提供了崭新的视域。同时，“场域理论”对于美术馆与社会、历史、公众之间的相互关系的描述更是切实而到位。布尔迪厄认为“艺术场域”是在艺术自主化的过程中逐渐制度化的。伴随着艺术的自律，艺术场域中的各个要素：各种行动者，以及场域特征的各种技术、门类和概念等被同时显现出来，这便形成了一个艺术的场域。场域中首先包含一系列能够使场域自主的要素，包括展出场所（画廊、美术馆等）、神圣化或认可机制（学院、沙龙等）、生产者和消费者的再生产机制（艺术学院等）、专业化的各种代理人（经纪人、评论家、艺术史家、收藏家等）。“场域理论”为那些美术馆领域的研究者提供了一个新的方向，美术馆作为“艺术场域”的重要组成部分，它自身的改变，如在藏品长期陈列上的态度和立场的改变等，这并非完全来自美术馆内部的转型，而是与外部的艺术世界保持着一致性的步调。

图 171　皮埃尔·布尔迪厄

注释：

1 歌德，约翰·沃尔夫冈·冯·歌德自传，第346-347页。

2 詹姆斯，小男孩及其他故事，第345、346-347页。

3 邓肯，文明的仪式化，第1-2页。

4 法国蓬皮杜音乐&声学研究所（Institut de recherche et coordination acoustique / musique），是世界最大的致力于音乐创作和科学研究的公共研究中心之一，由法国序列音乐大师、作曲家皮埃尔布勒兹（Pierre Boulez）创立，由卢西亚诺贝里奥（Luciano Berio）担任声学部门主任，与蓬皮杜艺术中心合作同时受法国文化部的监督。

5 阿瑟·C.丹托（Arthur C Danto），哥伦比亚大学约翰逊讲座名誉哲学教授，哲学家、艺术评论家。著作包括《哲学家尼采》《超越布里洛盒子》《未来的圣母》《艺术的终结之后》。

6 皮埃尔·布列兹（Pierre Boulez，1925—2016），法国著名作曲家、指挥家、音乐理论家。

7 朗格.新卢浮宫之战：卢浮宫浴火重生记[M].董强，译.北京：中央编译出版社，2014：50.

8 同7：51.

9 同7：36,51.

10 爱德华·拉拉比·巴恩斯，美国建筑师学会金奖（AIAGOLDMEDAL）得主，美国最伟大的建筑大师之一。

11 艾因瑞恩胡弗.美国艺术博物馆[M].金眉，译.长沙：湖南美术出版社，2007：189.

12 同11。

13 由弗兰克·劳埃德·赖特（Frank Lloyd Wright）设计。

14 National Gallery 1967—1968，35。

15 贝克，史密森.新艺术，新挑战：21世纪藏品变化的面孔[M]// 马斯汀.新博物馆理论与实践导论，钱春霞，陈颖隽，苗杨，译，南京：江苏美术出版社，2008：99.

16 提诺·赛格尔，1976年出生于伦敦，英裔德国艺术家。赛格尔的艺术创作以“情境建构”为核心形式，由一个或多个表演者按照既定脚本在展览空间内现场排演，用非物质的形式营造某种氛围。2012年，泰特现代美术馆邀请赛格尔创作漩涡大厅的年度项目，是该项目自2000年启动以来的第一个现场作品；同时，他还是2013年第55届威尼斯双年展主题展艺术家金狮奖得主，特纳奖的四位提名艺术家之一。

17 同11：179.

18 现代主义运动兴起于19世纪末期，现代主义相信那些“传统”形式的艺术、文学、社会组织和日常生活形态都已经过时，因此有必要将这些过时的东西扫除并且重新创造文化。

19 西萨·佩里（César Pelli）是一位设计了众多举世瞩目的标志性建筑的阿根廷裔美国建筑师。他的设计事务所在以耶鲁大学而闻名的美国康涅狄格州纽黑文。1991年，佩里被美国建筑师学会（AIA）列入“十大最具影响力的在世建筑师”之一。他是1984年MoMA改扩建的设计师。

20 卡塞尔文献展（Kassel Documenta）是世界著名的艺术展览之一，在德国卡塞尔每5年举办一次，与巴西圣保罗双年展及威尼斯双年展并称为世界三大艺术展。该展诞生于1955年，

5年举办一次，第一至四届都是由创始人阿诺德·博德所策划，第五届(1972)开始创设国际评审团制度，选出总策划人。各类展览作品和相关的艺术活动散布于城市的各个角落。卡塞尔文献展的主要展场分布于弗里德利希阿鲁门博物馆（Museum Fridericianum）、文化火车站（Kulturbahnhof）、文献展厅（Documenta-Halle）、橘园宫（Orangerie）、宾丁啤酒厂（Binding-Brauerei）等。

21 巴塞尔艺术博览会(Art Basel)开始于1970年，每年一届。巴塞尔艺博会的参展商是世界各国的画廊。

22 独立策展人(independent curator)在西方的源头可以远溯到20世纪初欧洲前卫艺术的兴起或更早。美国学者布鲁斯·阿尔什那(Bruce Altshuler)在其著作《展览中的前卫：20世纪新艺术》(The Avant—Garde in Exhibition：New Art in the 20th Century)中就提到乔治·德瓦里尔(Georges Desvalli ères)，法国作家、艺术批评家安德鲁·布勒东(Andr é Breton)，美国艺术批评家克莱门特·格林伯格(Clement Greenberg)等，他们在展览策划方面已经具备了独立策展人的某些特点。而严格意义上的独立策展人则是20世纪60年代左右才开始在西方社会出现的。1969年，瑞士人赫拉德·史泽曼(Harald Szeemann)离开伯尔尼美术馆，在纽约策划的当代艺术展"当态度成为形式：作品一过程一观念一情境一信息(When Attitudes Become Form：Works-Processes-Concepts—Situa—tions—Information"，其独特的策展理念和手法使他被誉为西方独立策展人的鼻祖。

23 美国艺术哲学家阿瑟·丹托(Arthur CDanto)在1964年的论文中，首次提出了“艺术世界”(art world)一词，并将它定义为艺术作品产生的文化和历史语境。

24 米歇尔·福柯(Michel Foucault),法国哲学家和“思想系统的历史学家”。

25 福柯.马奈的绘画，米歇尔·福柯，一种目光[M].谢强，马月，译.长沙：湖南教育出版社，2009：13.

26 杜小真."看"的考古学——读福柯《马奈的绘画》[J].文艺研究，2011（3）：129-138.

27 皮埃尔·布尔迪厄(Pierre Bourdieu,1930—2002),法国当代著名社会学家，巴黎高等研究学校教授，法兰西学院院士。

28 巫鸿.美术史与美术馆[J].中国美术馆,2007(1):115.

29 布尔迪厄研究了许多“场域”，如宗教场域、政治场域、文化场域。每个场域都以一个市场为纽带，将场域中象征性商品的生产者和消费者联结起来，例如，艺术这个场域包括画家、艺术品购买者、批评家、美术馆等。布尔迪厄在《纯美学的历史起源》一文中提出了自己的“艺术场域理论”。

结语

美术馆作为艺术品典藏、陈列和研究的重要场所，通过对藏品长期陈列展的策划，可以最大限度地为公众提供教育、欣赏、深思和知识共享等多种体验。所以世界著名的美术馆都将藏品的深入研究和长期陈列视为其各项工作的重要基础。

具有悠久历史的美术馆在展品长期陈列方式上，大都延续了传统的艺术史叙述的方式，以时间序列展开，再分别重点介绍不同地域艺术和流派，或将藏品以不同国家和地域分开展示，再以时间顺序进行代表性艺术流派和艺术家的比较研究。这类美术馆大都拥有雄厚的馆藏和积淀，包罗万象的藏品无论是在数量、质量或者涵盖的范围和种类上都可以使其成为伟大的美术馆。与此同时，在进入 20 世纪以后，美术馆在艺术史的发展、哲学和社会学理论的演进、现代美术馆理论的发展等多重作用之下，也迎来开启自身变革的新时期。“如何展示”作为美术馆参与艺术史书写、与公众对话、知识分享的基本方式，也成了美术馆在现代性的自我构建中一些关键环节。在当代语境中，如何通过展览对藏品进行新的研究和阐释，如何让观众在观看熟悉的作品时激发新的感知，这些问题促成了美术馆对传统模式的藏品长期陈列进行变革，各种带有革新性的展示和陈列随之出现，最终完成了美术馆藏品长期陈列从藏品到公众的展览叙事中心的转变。

本书通过将国内外著名的美术馆藏品长期陈列展进行细致地分类、比较和研究，基本呈现出了具有代表性的不同的美术馆是如何为公众来展示其藏品长期陈列的，并且通过对美术馆和藏品陈列方式的历史演变的分析，揭示了艺术品意义及其与公众、美术馆的关系的变化。现代美术馆的藏品长期陈列需要正视“藏品陈列传统的历史”存在不断演进和革新的现实语境，既要从美术馆的基本定位出发，进行相应的学术架构的陈列展示，同时还要对本馆的藏品结构和特点作出相应的判断，选择并制定适合本馆藏品长期陈列的方式。一个具有自身特点的美术馆藏品长期陈列才是真正属于这个美术馆的，其中的关键是在“藏品长期陈列方式”与“美术馆的身份定位”之间建立恰当和有机的关系。“美术馆所展出的藏品必须是馆内各部门的权威表现。它们永久而明白地展示着美术馆的核心活动、运作范围、判断标准、品位价值、工作原则和对艺术的信心。”[1]书中摘引了大量与之相关的文献资料，有助于理解在当时的“历史情境”中哪些重要思想和理论真正影响到了一个美术馆的藏品长期陈列。本书亦重点分析了当前世界主要美术馆的藏品长期陈列所呈现出的新特点及其内在原因，通过对这些新变化的探究，展现出美术馆的藏品长期陈列并非只是感受和审美层面，以及操作层面的问题，更是艺术、政治、历史和文化的综合反映，还涉及观念的转变和应对，是不断发展和演进的。

注释：

1 汤姆金斯 . 现代主义者：科克 . 瓦恩多、现代美术馆和新传统 [J] 纽约客，2001，72.

参考文献

1 吴为山 . 新时代的中国美术馆 [M]. 北京：人民出版社，2021.

2 艾因瑞恩胡弗 . 美国艺术博物馆 [M]. 金眉，译 . 长沙：湖南美术出版社，2007.

3 杰弗里，余丁 . 向艺术致敬：中美视觉艺术管理 [M]. 徐佳，译 . 北京：知识产权出版社，2008.

4 巫鸿 . 美术史十议 [M]. 北京: 生活·读书·新知三联书店，2008.

5 麦肯纳 - 克雷斯，卡曼 . 博物馆策展：在创新体验的规划、开发与设计中的合作 [M]. 周婧景，译 . 杭州：浙江大学出版社，2021.

6 李军 . 可视的艺术史: 从教堂到博物馆 [M]. 北京：北京大学出版社 ,2016.

7 贝尔廷，迪利，肯普，等 . 艺术史导论 [M]. 贺询，译 . 北京：北京大学出版社，2021.

8 黑格尔 . 美学 [M]. 朱光潜，译 . 北京：商务印书馆，2011.

9 朱迪狄欧，斯特朗 . 贝聿铭全集 [M]. 黄萌，译 . 北京：北京联合出版公司，2021.

10 巴什拉 . 空间的诗学 [M]. 张逸婧，译 . 上海: 上海译文出版社，2013.

11 巴克森德尔 . 德国文艺复兴时期的椴木雕刻家 [M]. 殷树喜，译 . 南京：江苏凤凰美术出版社，2015.

12 布尔迪厄 . 艺术的法则 [M]. 刘晖，译 . 北京: 中央编译出版社，2011.

13 蔡元培 . 蔡元培美学文选 [M]. 北京：北京大学出版社，1983.

14 汤因比 . 历史研究 [M]. 郭小凌，王皖强，等译 . 上海：上海人民出版社，2010.

15 熊秉明 . 关于罗丹 [M]. 天津：天津教育出版社，2002.

16 巫鸿 . “空间” 的美术史 [M]. 钱文逸，译 . 上海：上海人民出版社，2018.

17 班雅明 . 机械复制时代的艺术作品 [M]. 庄仲黎 , 译 . 台北：商周出版公司，2019.

18 赵勇 . 法兰克福学派内外 [M]. 北京：北京大学出版社，2016.

19 亚历山大 . 艺术社会学 [M]. 章浩 , 沈杨 , 译 . 南京：江苏美术出版社，2009.

20 科特勒 N，科特勒 P. 博物馆战略与市场营销 [M]. 北京：北京燕山出版社，2006.

21 福柯 . 知识考古学 [M]. 谢强，马月，译 . 北京：生活 . 读书 . 新知三联书店，2003.

22 沈语冰 .20 世纪艺术批评 [M]. 北京：中国美术学院出版社，2003.

23 严建强 . 博物馆的理论与实践 [M]. 杭州：浙江教育出版社，1998.

24 卡里尔 . 博物馆怀疑论：公共美术馆中的艺术展览史 [M]. 南京：江苏美术出版社，2009.

25 曹意强 . 美术博物馆学导论 [M]. 北京：中国美术学院出版社，2008.

26 卢圻 . 中国美术馆学概论 [M]. 上海：上海书画出版社，2008.

27 马斯汀 . 新博物馆理论与实践导论 [M]. 钱春霞，陈颖隽，苗杨，译 . 南京：江苏美术出版社，2008.

28 张子康，罗怡 . 美术馆 [M]. 北京：中国青年出版社，2009.

29 王宏钧 . 中国博物馆学基础 [M]. 上海：上海古籍出版社，1990.

30 福柯 . 马奈的绘画，米歇尔・福柯，一种目光 [M]. 谢强，马月，译 . 长沙：湖南教育出版社，2009.

31 库诺 . 谁的缪斯：美术馆与公信力 [M]. 桑塔兰泰拉，张婷，译 . 北京：中国青年出版社，2013.

32 丹托 . 在艺术终结之后：当代艺术与历史藩篱 [M]. 林雅琪，郑惠雯，译 . 台北：麦田出版，2010.

33 福柯 . 这不是一只烟斗 [M]. 桂林：漓江出版社，2012.

34 陆兴华 . 哲学当务之急：当代法国思想六论 [M]. 上海：同济大学出版社，2009.

35 董光男 . 博物馆能量 [M]. 广州：艺术家出版社，2003.

36 曹兵武，崔波 . 博物馆展览：策划设计与实施 [M]. 北京：学苑出版社，2006.

37 丹纳 . 艺术哲学 [M]. 傅雷，译 . 天津：天津社会科学院出版社，2004.

38 唐斌 . 美术馆与知识生产 [M]. 长沙：湖南美术出版社，2011.

39 本雅明 . 迎向灵光消逝的年代 : 本雅明论艺术 [M]. 许绮玲，林志明，译 . 桂林：广西师范大学出版社，2004.

40 海德格尔 . 林中路 [M]. 孙周兴，译 . 上海: 上海译文出版社，2012.

41 沃尔海姆 . 艺术及其表象 [M]. 刘悦笛，译 . 北京：北京大学出版社，2012.

42 伯格 . 观看之道 [M].2 版 . 戴行钺，译 . 桂林：广西师范大学出版社，2007.

43 霍文 . 让木乃伊跳舞：大都会艺术博物馆变革记 [M]. 南京：译林出版社，2012.

44 杨玲，潘守永 . 当代西方博物馆发展态势研究 [M]. 北京：学苑出版社，2004.

45 中央美术学院美术史系外国美术史教研室 . 外国美术简史 [M]. 北京：高等教育出版社，1998.

46 周蓉 . 结庐清话 [M]. 石家庄：河北教育出版社，2014.

47 格林伯格 . 艺术与文化 [M]. 沈语冰，译 . 桂林：广西师范大学出版社，2009.

48 朗格 . 新卢浮宫之战：卢浮宫浴火重生记 [M]. 董强，译 . 北京：中央编译出版社，2014.

49 文化部关于开展全国美术馆藏品普查工作的通知 [J]. 中国美术馆，2013(12).

50 殷双喜 . 社会学前卫与美学前卫：二十世纪中国艺术发展中的双重变奏 [J]. 荣宝斋，2010(2).

51 丁宁 . 艺术博物馆 : 文化表征的特殊空间 [J]. 浙江社会科学 ,2000(1).

52 阿诺尔德 . 博物馆与艺术史展现 [J]. 万木春 , 译 . 新美术 ,2008(1).

53 邵亦扬 .Tate vs MoMA ： 现代博物馆面临新挑战 [J]. 中国美术馆 ,2005(3).

54 SMITH C R S. 伦敦国家美术馆艺术展览的陈述方式 [J]. 沈蕾 , 刘鹏， 译 . 文化艺术研究 ,2011(1).

55 余丁 . 试论 1949 年以来中国美术体制的发展与管理的变迁 [J]. 美术 ,2010(4).

56 巫鸿 . 美术史与美术馆 [J]. 中国美术馆 ,2007(1).

57 李培 . 推倒美术馆的无形“围墙”[N]. 南方日报 ,2011-02-20(009).

58 王春辰 . 美术馆的公共性与展览——美国美术馆的一段考察 [J]. 荣宝斋 ,2013(9).

59 赖巴林纳 . 满美术馆里的艺术品——实物还是资料？ [J]. 满素洁， 译 . 中国博物馆 ,1994（4）.

60 辛文 . 文化部推出 2013 年全国美术馆馆藏精品展出季活动 [J]. 美术观察，2013（10）.

61 MCCLELLAN A. Inventing the Louvre: Art, Politics, and the Origins of the Modern Museum in Eighteenth-Century Paris[M]. Cambridge:University of California Press， 1994.

62 THOMAS G.Museums and Art Galleries[M]. London:Routledge/Thoemmes Press,1996.

63 NEWHOUSE V.Towards a New Museum[M]. New York:Monacelli Press,1998.

64 SCHAPIRO M.Modern Art: 19th & 20th Centuries[M].New York:George Braziller,1978.

65 BARKER E.Contemporary Cultures of Display[M].Yale University Press， 1999.

66 Altshuler B. The Avant-Garde in Exhibition[M]. Berkeley,CA:University of California Press, 1998.

67 STANISZEWSKI M A.The Power of Display:A History of Exhibition Installations at the Museum of Modern Art[M].Cambridge, MA:The MIT Press,2001.

附录

1. 乌菲齐美术馆
Uffizi Gallery

“乌菲齐”一词即意大利文“办公厅”的意思，由16世纪的美第奇家族的科西莫一世委托瓦萨里所建，是显赫一时的美第奇家族办公的地方。美第奇家族被称为佛罗伦萨的“无冕之王”，实际统治佛罗伦萨近3个世纪。这个家族从15世纪到18世纪出了三位罗马教皇和两位法国皇后，从科西莫一世开始，美第奇家族就热衷于艺术，并一直赞助许多绘画、雕塑和建筑的大师，如达·芬奇、米开朗基罗等，家族世世代代收藏的艺术品也大都保存于此。馆址为1559年建立的、G.瓦萨里设计的4层楼——乌菲齐宫，本身即为一幢文艺复兴建筑的杰作。后经几次改建，二三百年间美第奇家族的成员把从各地收藏来的艺术品集中到“乌菲齐”，从而形成了乌菲齐美术馆。1581年，美第奇家族收藏的艺术品对外展出。1737年美第奇家族继承人玛利亚·路易莎将乌菲齐宫以及美第奇家族的大量艺术收藏品捐赠给佛罗伦萨市政府，1769年乌菲齐美术馆正式对外开放。

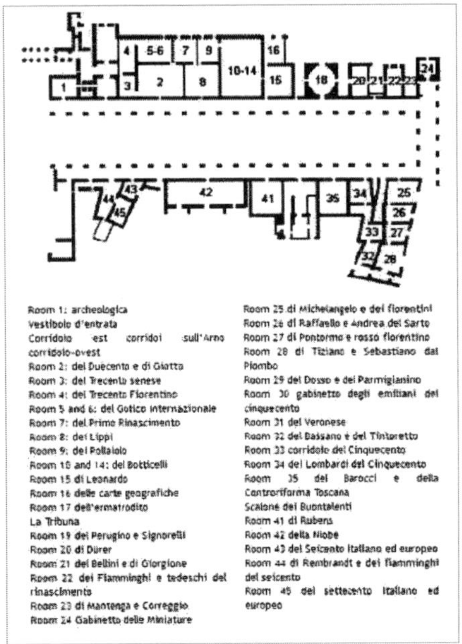

乌菲齐美术馆平面图

网址：http://www.uffizi.com/

2. 橘园美术馆
Musée de l'Orangerie

橘园美术馆位于巴黎卢浮宫后花园杜勒利公园的一角，陈列着从印象派到20世纪30年代的巴黎画派的作品，其中最著名的是莫奈的《睡莲》组画。橘园美术馆原来的建筑是皇室花园中的温室，建于16世纪，20世纪初改建成为美术馆，并向公众开放。建筑以白色为主，风格清新优雅。建筑师为波尔多BLP建筑事务所的奥利维尔·布罗谢（Olivier Brochet）。莫奈在晚年时，梦想要把睡莲画满整个房间，

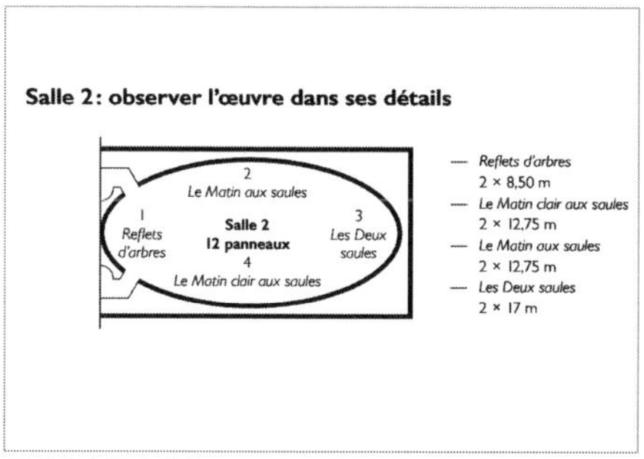

橘园美术馆平面图

为了帮助画家实现梦想，橘园美术馆将内部进行改装以配合莫奈作画，画家直到去世前一直都在埋首创作。1918 年 11 月 11 日“一战”停战日翌日，莫奈把《睡莲》捐赠给了法国政府，根据他的意愿，1927 年他过世后数月，这些画被安放在了橘园。同年，《睡莲》系列首次公开展出。橘园美术馆常设展室除了《睡莲》以外并无其他作品。1977 年，在增加了吉劳姆、瓦尔台尔的收藏品后，橘园美术馆才成为巴黎具有代表性的美术馆之一。画商保尔・吉劳姆生前最大的愿望就是创立一座展出自己收藏品的美术馆，但他却在达成梦想之前就离开了人世。吉劳姆生前独具慧眼，资助那些还不被社会所认同的青年画家们，如毕加索、马蒂斯、德兰等人。吉劳姆去世后，夫人与美术收藏家让・瓦尔台尔再婚，她继承了前夫吉劳姆的遗志，与瓦尔台尔一起收集美术品，后来还将收藏的一百四十件绘画捐赠给法国政府，因而诞生了现在的橘园美术馆。

网址：http://www.musee-orangerie.fr/

3. 夏加尔美术馆
Musée national Marc Chagall

夏加尔美术馆坐落于法国尼斯。收藏着画家马克・夏加尔的 200 多件画作。除此之外，最值得欣赏的是“圣经系列”的 17 张巨幅作品，娓娓讲述着圣经故事，如创世纪、诺亚方舟、出埃及记和所罗门之歌等。当年开馆时创作的大厅彩绘玻璃也非常华丽迷人，在夏加尔的艺术生命中，法国占据了重要的地位。时任戴高乐政府文化部部长的安德烈・马尔罗（Andre Malraux）极为欣赏夏加尔的作品，因此夏加尔决定将自己在普罗旺斯居住时期画的一系列作品赠送给法国。安德烈・马尔罗回应道：“好吧，那我们就为这些作品修建一座博物馆。”两个人在艺术上志趣相投的佳话成为今天艺术爱好者们的幸运。1973 年 7 月 7 日，在夏加尔 86 岁生日这一天，尼斯老城中一片宁静的土地上，耗资 200 万美元的夏加尔美术馆正式迎来了第一批宾客。

网址：http://www.musees-nationaux-alpesmaritimes.fr/chagall/

4. 奥赛美术馆
Musée d'Orsay

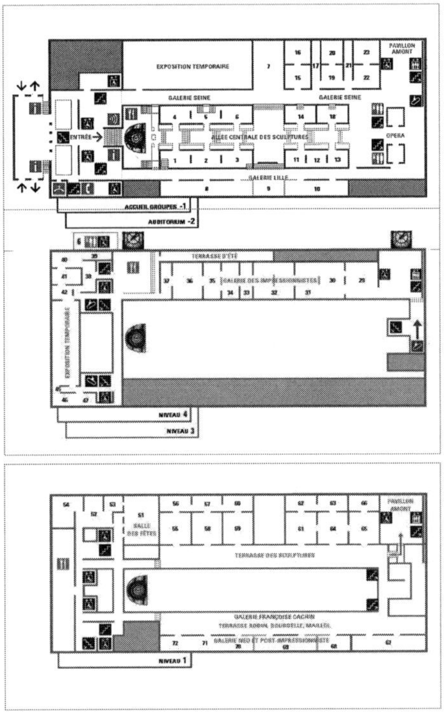

奥赛美术馆平面图

奥赛美术馆是法国印象派至20世纪初法国艺术收藏最重要的博物馆。位于巴黎市中心美丽的塞纳河左岸，和卢浮宫以及橘园美术馆隔河相望。博物馆建筑原为1900年的世博会所建造，后改为火车站，是从巴黎到奥尔良铁路的终点奥赛车站。1939年进入巴黎的铁路取消，车站关闭。从那以后，奥赛火车站成为形形色色的活动场所：电影拍摄地、拍卖公司的临时拍卖场、剧院。1977年，吉斯卡尔·德斯坦总统决定实施蓬皮杜总统曾提出的方案，将旧火车站改造为博物馆，专门保存从19世纪中叶到20世纪初半个世纪内的艺术创造，包括绘画、雕塑、建筑设计的草图和模型、装饰艺术（家具、工艺品等），以及19世纪重大的科学和文化发明，如照相术、电影、图书、海报等。改造工程从1983年开始，一千名工人用了三年的时间完成。作为19世纪的艺术博物馆，1986年12月9日正式对外开放。

美术馆的藏品主要由三部分构成：卢浮宫中收藏的1820年以后出生的艺术家作品；裘德·波姆博物馆收藏的现代艺术品（此博物馆在1947年后专门收藏印象派绘画）；国家现代艺术博物馆的现代艺术品（这一博物馆并入蓬皮杜国家艺术文化中心后，主要收藏1870年后出生的艺术家的作品）。

奥赛美术馆拥有油画作品约2300幅、雕塑1500件、粉画250幅、手工艺品1100件、图版1.5万件，以及建筑模型、都市发展规划草图、书籍和图案设计等各类艺术精品和珍贵文献资料，成为法国仅次于卢浮宫和蓬皮杜国家艺术文化中心的第三大美术馆。

网站：http://www.musee-orsay.fr/en/home.html

5. 蓬皮杜国家艺术文化中心

Le Centre National d'art et de Culture Georges-Pompidou

这是一座坐落于法国首都巴黎波堡区的现代艺术博物馆。这座美术馆是已故法国总统蓬皮杜于1969年决定兴建的，由意大利的伦佐·皮亚诺（Renzo Piano）和英国的理查德·罗杰斯（Richard George Rogers）设计。1972年正式动工，1977年建成，同年2月开馆。整座建筑占地7500平方米，建筑面积共10万平方米，地上6层。整座建筑共分为工业创造中心、大众知识图书馆、现代艺术馆以及音乐音响协调与研究中心四大部分。1997—1999年期间进行了修整和扩建，2000年1月1日重新对外开放。而今的艺术中心每年有超过600万的观众到此参观。其中“公共资讯图书馆”完全不是传统意义上的那种旧式图书馆，它拥有当代书籍30万卷，期刊2400种，幻灯片20万张，微缩胶卷15000个，唱片1万张，及各种电影、录像、地图、磁带等。馆内设施一律开放，读者可随意翻阅书架图书；也可以通过录像机随意选看介绍各国文学艺术、科技、民俗等情况的电影、

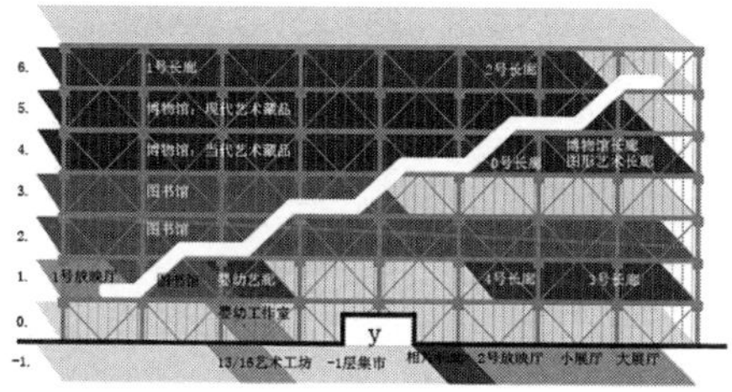

蓬皮杜国家艺术中心平面图

录像；音乐爱好者可以戴上耳机自由欣赏自己挑选的唱片。20世纪以来的西方各种造型艺术，包括立体派、抽象派、超现实主义派、结构派、概念艺术及流行艺术等各种流派的2000幅作品陈列于四层和五层。馆内藏品的陈列方法也是现代的：一条主要线路按时间顺序排列着各个流派艺术的代表作，周围分设许多小展室，分别介绍某流派某作家的作品，使观众既可以了解现代西方艺术的概貌，又可以对某一感兴趣的流派或艺术家进行深入的研究。

网址：http://www.centrepompidou.fr/

6. 特列恰科夫美术博物馆

Tretyakov Gallery

此馆的奠基人是19世纪俄国纺织业巨子巴维尔·米哈依洛维奇·特列恰科夫和谢尔盖·米哈依洛维奇·特列恰科夫兄弟，于1856年创立，当时称为“特列恰科夫画廊”。1871年画廊开

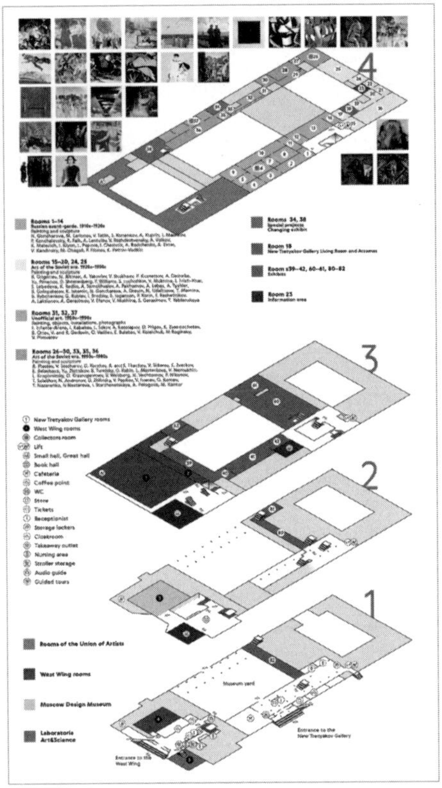

特列恰科夫美术馆平面图

始收藏巡回展览画派画家的作品。十月革命的胜利促进了画廊的进一步发展。1918 年 6 月 3 日列宁签署了《改莫斯科特列恰科夫画廊为国家博物馆》的法令。这是俄国第一个民族艺术博物馆，将特列恰科夫画廊国有化的法令，不仅将它由莫斯科市属的美术馆升格为国家级美术馆，同时也正式将美术馆以其创建人特列恰科夫兄弟的名字命名。美术馆成立一个多世纪以来几经修复和扩建，1984 年苏联政府对美术馆进行了历史上规模最大的一次改扩建，历时 10 年才全部完工。1994 年 4 月 5 日美术馆以崭新的面貌重新迎接来自俄罗斯及世界各地的美术爱好者。美术馆藏品总数达 126250 件，长期陈列面积为 22400 平方米，临时流动展厅 1339 平方米，库房 8200 平方米，年均参观人数 150 万人次。

网址：www.tretyakov.ru

7. 索菲亚王后国家艺术中心博物馆
Museo Nacional Centro de Arte Reina Sofía

这座美术馆于 1992 年 9 月 10 日正式开放，得名于西班牙索菲亚王后。索菲亚王后艺术中心靠近阿托查车站和地铁站，位于沿着普拉多大道的所谓艺术金三角（Triángulo del Arte auch Triángulo de Oro）的南端（还包括普拉多美术馆和提森・博内米萨美术馆）。弗朗西斯科・萨瓦蒂尼（Francisco Sabatini）数世纪前建设的这座建筑原为一所医院，于 1992 年改造成了西班牙当代艺术博物馆。从那时起，索菲亚王后艺术中心博物馆经历了数次改造，以

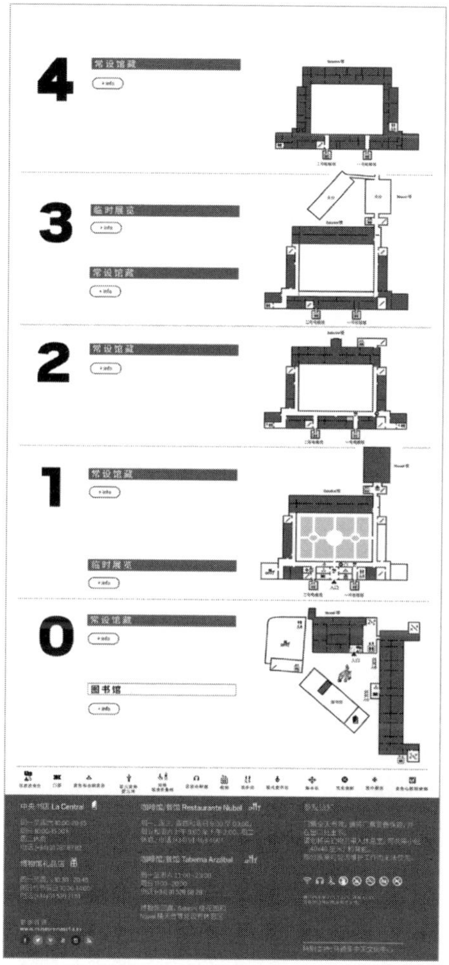

索菲亚王后国家艺术中心博物馆平面图

便合乎藏品增加和活动开展的需要，其中最重要的一次就是让·努维尔（Jean Nouvel）负责的（1999 年动工，2005 年中期完工）。这位负有盛名的建筑师负责的项目回应了博物馆扩大用于藏品和新进藏品存储、研究和保养的空间的需要，同时也建立了新的区域，可以用来举行音乐会、讲座、上演戏剧和开展其他该中心推动的教育项目。索菲亚王后艺术中心主要收藏西班牙艺术品，其亮点是 20 世纪西班牙两位大师毕加索和达利的杰作，著名的藏品为《格尔尼卡》。

网址：http://www.museoreinasofia.es/

8. 提森·博内米萨美术馆 Museo Thyssen-Bornemisza

这是一座位于西班牙马德里的艺术博物馆，紧邻普拉多美术馆。馆内收藏的艺术品来自提森·博内米萨家族于 20 世纪初开始的私人收藏，这一批藏品 1992 年运至西班牙展出，之后西班牙政府进一步和藏品所有者商谈购买这批收藏。1992 年 3 月，双方签订新的意向书，由西班牙政府收购后便不再转卖。双方最终在 1993 年 6 月 18 日签订合约，并于 8 月经国会通过后，775 幅画作所有权自此移交西班牙政府。提森·博内米萨美术馆的建筑为比利亚埃尔莫萨宫，此处 16 世纪时，为马德里城市外围区域，供农业及制造业使用。1777年，第十一世比利亚埃尔莫萨公爵买下现址所在的建筑物，并在1805年开始大规模地翻修并扩建，比利亚埃尔莫萨宫的建筑外观就此留存至今。之后又几经周转，1989年政府开始商议提森·博内米萨藏品运至西班牙后，便将此规划成为提森·博内米萨美术馆的所在地。1999年，美术馆再度装修以扩大展厅面积，至2004年，美术馆再次拥有崭新的展览空间和大量新进藏品。

网址：www.museothyssen.org

9. 中国美术馆
National Art Museum of China

中国美术馆是以收藏、研究、展示中国近现代至当代艺术家作品为重点的国家造型艺术博物馆，1958年开始兴建，1963年由毛泽东主席题写“中国美术馆”馆额并正式开放，是新中国成立以后的国家文化标志性建筑。主体大楼为仿古阁楼式，黄色琉璃瓦大屋顶，四周廊榭围绕，具有鲜明的民族建筑风格，由著名建筑师戴念慈设计完成。主楼建筑面积18000多平方米，一至六层楼共有21个展览厅，展览总面积6660平方米；1995年新建现代化藏品库，面积4100平方米。2002年5月，中国美术馆开始对主楼实施改造装修工程，2003年5月竣工。中国美术馆现收藏各类美术作品13万余件，以19世纪末至今的中国艺术名家和各时期代表作品为主，构成中国现代以来的美术发展序列，兼有部分古代书画和外国艺术作品，同时也包括丰富的民间美术作品。藏品中有苏轼、唐寅、徐渭、任伯年、吴昌硕、黄宾虹、齐白石、徐悲鸿、刘海粟、蒋兆和、司徒乔、李可染、吴作人、叶浅予、董希文、罗工柳、吴冠中、毕加索、达利、柯勒惠支等中外艺术家的作品；作为最重要的国家美术馆，中国美术馆的历史见证了中国美术事业发展中无数个重要时刻。

网址：http://www.namoc.org/

10. 普拉多美术馆
Museo Nacional del Prado

建于18世纪，被认为是世界上伟大的博物馆之一，亦是收藏西班牙绘画及雕塑作品最全面、最权威的美术馆。普拉多一如其他欧洲博物馆，艺术品收藏始于皇室。其奠基者是哈布斯堡和波旁两个王朝。美术馆由建筑家班·德·彼加诺瓦于1785至1787年间设计完成。在卡洛斯三世时代，这座新古典主义建筑最初是要作为自然科学博物馆所用。其后费尔南多七世国王和伊莎贝尔·德布拉甘萨王妃决定把这里建成美术馆。1819年，

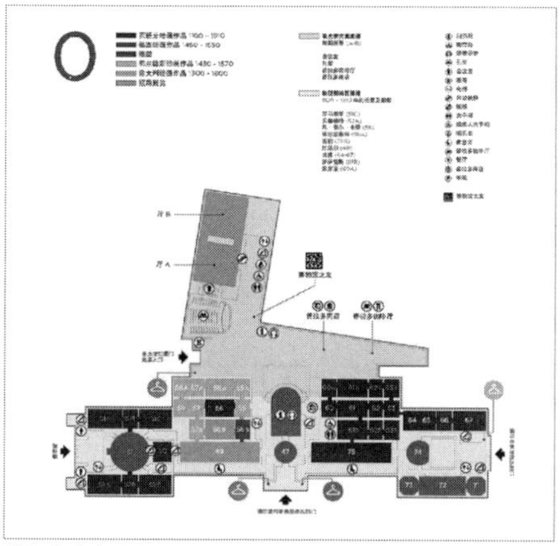

普拉多美术馆平面图 1

普拉多美术馆平面图 3

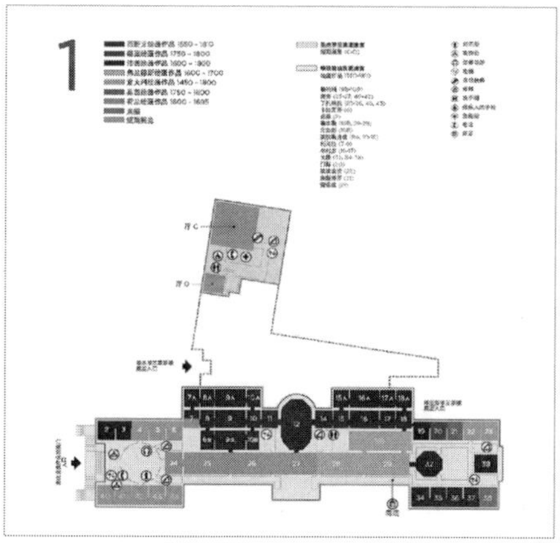

普拉多美术馆平面图 2

收藏了王宫中众多美术精品的美术馆对外开放。1868 年，西班牙革命推翻伊利莎贝尔二世（1833—1868 在位），“皇家博物馆”收归国有，改称“国家绘画雕刻博物馆”。又因其坐落在马德里的普拉多林荫道，始冠以“普拉多”的名称。1872 年，普拉多美术馆根据 19 世纪下半叶的自由政策，没收了被查封的宗教团体的艺术藏品，特别是接收了建于 1836 年的国家三位一体博物馆的藏品，由此大量增加了宗教题材的西班牙绘画与雕刻作品。19 世纪末，西班牙以法律形式开始征收地方、修道院等收藏的重要绘画，直至 20

世纪。由此，庞大的经典藏品，全部来自王室及各地修道院，这无疑是普拉多美术馆自身的骄傲，同时也是西班牙及其国民的无比荣耀。作为世界四大博物馆之一，普拉多是当之无愧的。这里收藏有三万多件艺术珍品。正如普拉多美术馆前馆长桑切斯·康顿（F. J. Sanchcz Canton）所说："诚然在欧洲来说，如欲介绍各种流派，还有比普拉多更完整的美术馆……但它们之中没有一家能够超过普拉多那种令人眼花缭乱的收藏——即普拉多引以为自豪的 15 至 18 世纪大师的作品。"

网址：www.museodelprado.es

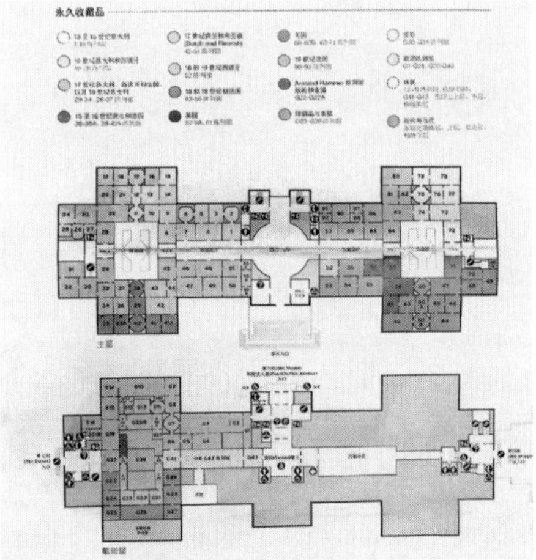

华盛顿国家美术馆平面图

11. 华盛顿国家美术馆

National Gallery of Art

这座与美国国会大厦相邻的美术馆，不但收藏丰富，而且馆舍建筑之美也闻名遐迩。它面对林荫广场，背临宪法大道，坐北朝南，东望国会大厦，西向华盛顿纪念塔。它成立于 1937 年，1941 年正式开馆。1936 年 12 月，80 岁高龄的梅隆致信美国总统罗斯福，表达了向国家捐建一座美术馆的愿望。他表示，该馆落成之后，不要以他个人的名字命名，而使用"国家美术馆"这样的名字，以便于其他艺术收藏家向该馆捐献珍藏。梅隆指定著名建筑家约翰·雷塞尔·波普为国家美术馆的建筑设计师。该馆于 1968 年在原馆址的东侧进行了扩建，新馆由美籍华人建筑师贝聿铭设计，1978 年，美术馆东馆落成开幕（老馆则成为西馆），卡特总统亲自为其剪彩并称赞这座建筑是世界上最好的美术馆。华盛顿国家美术馆历史短暂，藏品数量也难和纽约大都会艺术博物馆等相匹敌，但由于在质量上比起其他欧美博物馆来毫不逊色，又因为周边有众多的自然、艺术和历史博物馆群相辉映，环境优美，因此成为访客必到之处。年观众量已超过 620 多万人次。

网址：http://www.nga.gov/content/ngaweb.html

12. 卢浮宫博物馆

Musée du Louvre

卢浮宫位于法国巴黎市中心的塞纳河边，原是法国的王宫，始建于12世纪末，由法王菲力二世下令修建，最初是用作监狱与防御性的城堡，其面积大致相当于今卢浮宫最东端院落的四分之一。14世纪，法王查理五世搬迁至此，在他之后的法国国王再度搬出卢浮宫，直至1546年，弗朗索瓦一世才成为居住在卢浮宫的第二位国王。弗朗索瓦一世命令建筑师皮埃尔·勒柯（Pierre Lescot）按照文艺复兴风格对其加以改建，于1546年至1559年修建了今日卢浮宫建筑群最东端的卡利庭院（Cour Carree）。波旁王朝开始后，亨利四世和路易十三修建了连接卢浮宫与杜伊勒里宫的大长廊，又称“花廊”（Pavillion de Flore）。路易十四时期曾令建筑师比洛（Claude Perrault）和勒沃（Louis le Vau）对卢浮宫的东立面按照法国文艺复兴风格（法国古典主义风格）加以改建，改建工作从1624年持续到1654年。1682年法国宫廷移往凡尔赛宫后，卢浮宫的扩建再度终止。路易十四曾计划放弃卢浮宫，并将其拆除，但后来改变了主意，让法兰西学院、纹章院、绘画和雕塑学院，以及科学院搬入卢浮宫的空房，此外还有一些学者和艺术家被国王邀

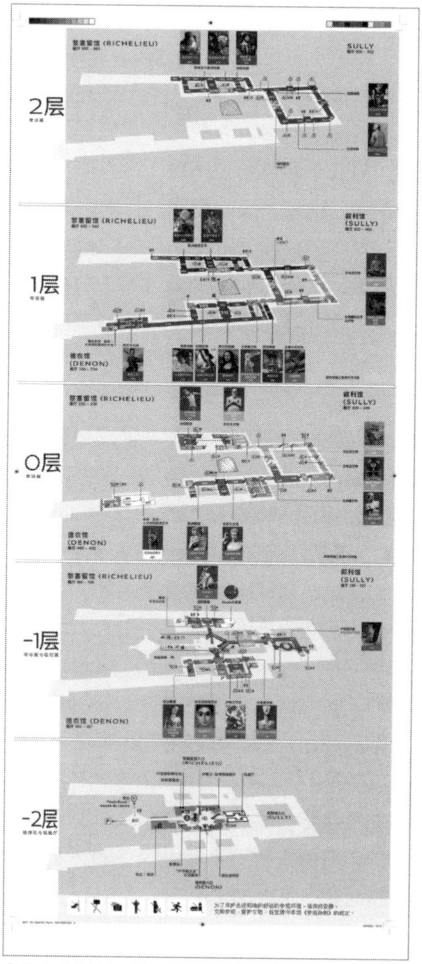

卢浮宫博物馆平面图

请住在卢浮宫的一层和大长廊的二楼。1750年法王路易十五正式提出了拆除卢浮宫的计划。但由于宫廷开支过大，缺乏足够的金钱来雇佣拆除卢浮宫所需的工人，该宫殿得以幸存。拿破仑即位后，开始了对卢浮宫的大规模扩建，建造了面向里沃利林荫路的北翼建筑，并在围合起来的巨大广场中修建了卡鲁索凯旋门，作为杜伊勒里宫的正门。拿破仑三世时期修建了黎塞留庭院和德农庭院，完成了卢浮宫建筑群。法国国王对艺术品的收集始于弗朗索瓦一世时期，弗朗索瓦一世曾从意大利购买了包括油画《蒙娜丽莎》在内的大量艺术品。至路易十四时期，法国王室已经收集了约 2000 幅油画、150 多座雕刻、700 多张素描，以及其他大量美术作品。路易十五和路易十六时期继续从意大利、弗兰德斯和西班牙购入艺术作品。法国大革命期间的 1793 年 8 月 10 日，共和政府决定将收归国有的王室收藏集中于卢浮宫，并将其作为博物馆向公众开放，命名为“中央艺术博物馆”。同年 11 月 8 日，博物馆正式开放，展出了 587 件艺术品。此后共和政府又用从教堂、贵族和地方政府等处没收来的艺术品源源不断地补充博物馆收藏。

网址：http://www.louvre.fr/

13. 大都会艺术博物馆

Metropolitan Museum of Art

美国最大的艺术博物馆，也是世界著名博物馆之一。该馆位于美国纽约第五大道上的 82 号大街，与著名的美国自然历史博物馆遥遥相对，占地 14 万平方米，它与英国伦敦的大英博物馆、法国巴黎的卢浮宫、俄罗斯圣彼得堡艾尔米塔什博物馆并称为世界四大美术馆，年平均观众量超过 500 万人次。1866 年，约翰·乔伊（John Jay）提倡和建议成立国家博物馆和美术馆,由企业家及文化人组成的“纽约联盟俱乐部”向政府提交了一份建立博物馆的建议书，并组织了委员会进行筹建。1870 年，博物馆被正式批准兴建。1870 年 1 月 31 日博物馆在纽约第五大道 681 号原多德沃思舞蹈学校旧址正式建立。1880 年迁至现址。直到 1902 年，美术馆建筑全部完工，这座具有

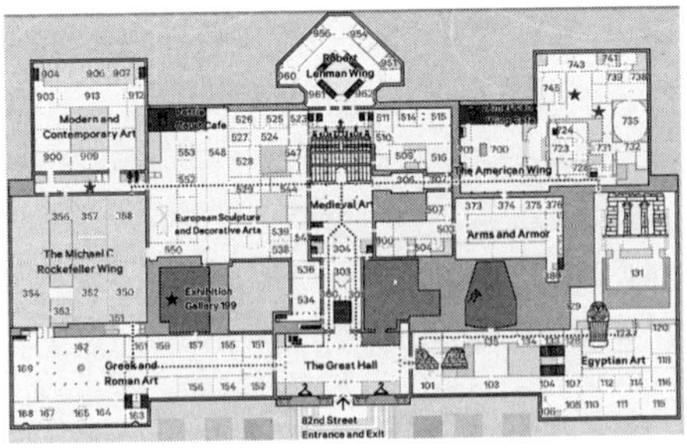

纽约大都会艺术博物馆平面图

文艺复兴时代风格的建筑，是由美国建筑师理查和莫里斯主持设计。在不到一个半世纪的时间里，大都会博物馆能够跻身世界四大博物馆之列，与18世纪末期美国迅速发展的经济实力有相当密切的关系。在建馆之初，由摩根、洛克菲勒等富豪们所捐赠的艺术珍品和款项，大大丰富了博物馆的馆藏。可以说，这些富豪们奠定了大都会博物馆的基础。第一次和第二次世界大战期间，世界各国流入美国的文物也为数不少，战后美国经济呈加速之势，为博物馆提供了雄厚的资金保证，博物馆获得了源源不断的捐款与捐赠，丰富了馆藏。

网址：http://www.metmuseum.org/

14. 纽约现代艺术博物馆
Museum of Modern Art

由丽莉·布利斯（Lillie P. Bliss）、艾比·埃尔德瑞赤·洛克菲勒（Abby Aldrich Rockefeller）、玛莉·昆·萨利樊（Mary Quinn Sullivan），以及四位创办信托人创立于1929年的现代艺术博物馆是首座专为现代艺术而设的博物馆。阿尔弗雷德·巴尔（Alfred H. Barr）担任了第一任馆长，并宣称要建成一所“世界最有影响力的现代艺术博物馆”，他要使公众理解并喜欢现代视觉艺术。巴尔是一位对美国现代艺术有着深远影响的伟大人物。

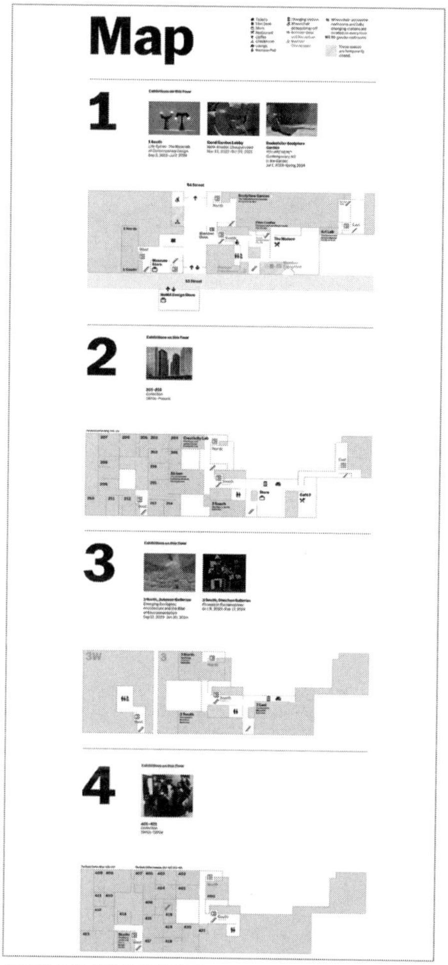

纽约现代艺术博物馆平面图

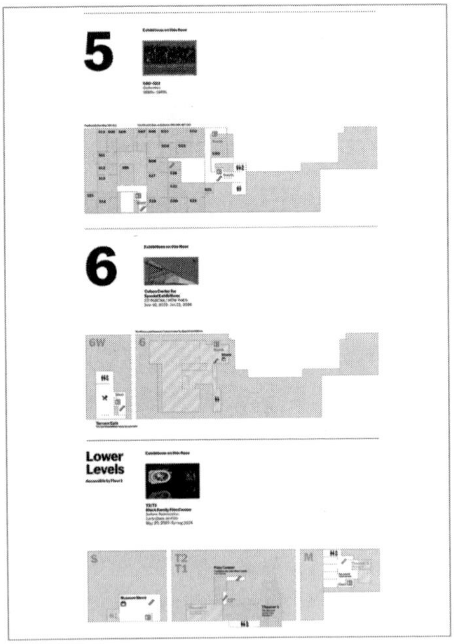

纽约现代艺术博物馆平面图

MoMA 收集了始自 19 世纪 80 年代欧洲艺术革新以来，直至今日之各个视觉文化时期重要的艺术作品。其中包括有别于大多传统式且带有明显现代色彩的电影及工业设计作品。该馆成立之时，纽约的其他博物馆尚未致力于收藏现代艺术作品，就连现代艺术博物馆的开馆作品，也只有收藏家赠送的八件油画与一件素描，巴尔将开馆作品安置于曼哈顿海克薛大厦的暂时馆址（含办公室在内只有六个房间），首要之事便是寻找永久而够大的馆址。在 1929 年到 1939 年间，现代艺术博物馆就迁移了三次，直到 1939 年 5 月 10 日才正式在目前馆址安居。现代艺术博物馆的主体建筑物，在当时是由建筑师菲利浦 · L. 古德曼和爱德华 · D. 斯顿设计的。2000 年之后，现代艺术博物馆由于馆藏扩充甚多，原馆址亦需整修，遂开始了新建计划，该馆在 2002 年 5 月 21 日关闭，将部分馆藏迁往皇后区长岛市的一个旧订书针工厂继续展览，称作 MoMA QNS。2004 年 11 月 20 日，由日本建筑师谷口吉生设计的新馆开幕，新馆开馆后年参观人数均在 210 万人以上。现代艺术博物馆目前已拥有馆藏作品超过 15 万件，以及 2 万多部电影和 400 万张电影剧照，30 万册图书，7 万多现代艺术家的个人资料。

网址：http://www.moma.org/

15. 泰特现代美术馆
Tate Modern

以 15 世纪迄今的英国绘画和各国现代艺术收藏著称的泰特现代美术馆，其历史要追溯到 1897 年亨利 · 泰特爵士创立泰特美术馆，当时名为国立英国艺术美术馆。1917 年，一向只专注于本国艺术的泰特美术馆奉命开始收藏世界范围内的现代艺术品，于是，老

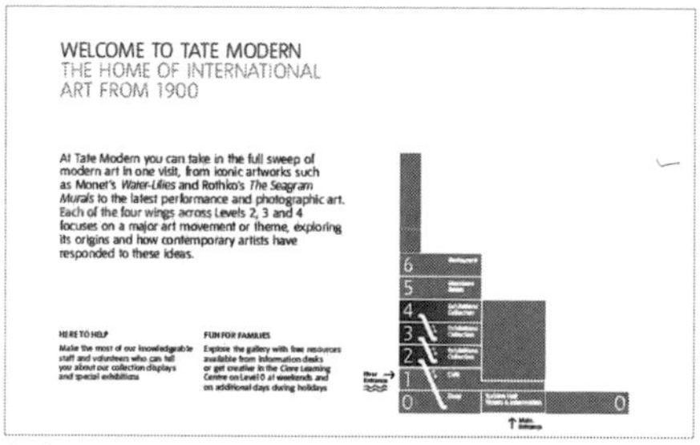

泰特现代美术馆平面图 1

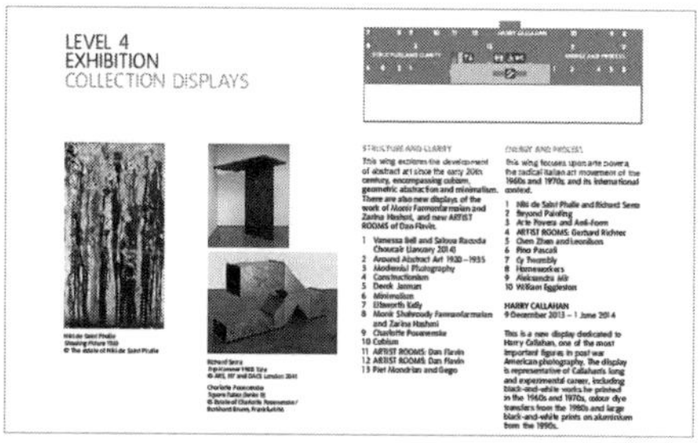

泰特现代美术馆平面图 3

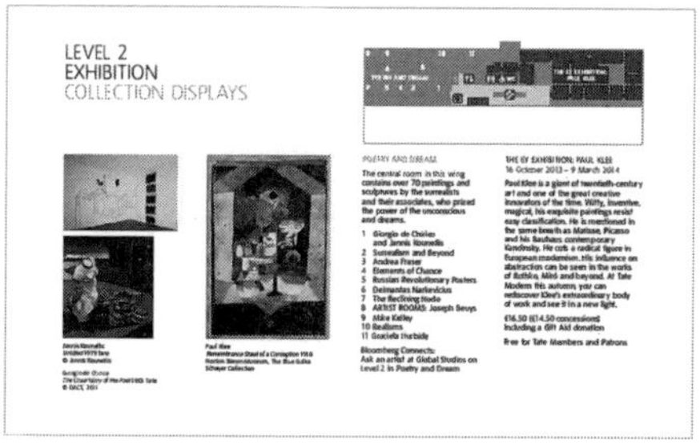

泰特现代美术馆平面图 2

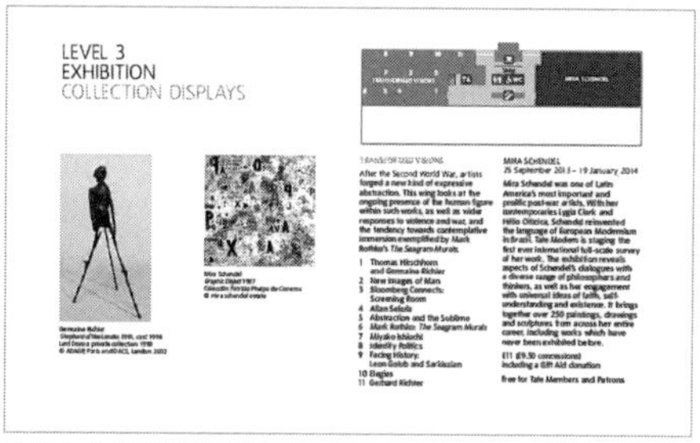

泰特现代美术馆平面图 4

泰特美术馆于 20 世纪 80 年代决定另行设立一座专门进行 20 世纪现代艺术品收藏和展览的美术馆，这就是泰特现代美术馆。泰特现代美术馆由“河岸发电厂”(Bankside Power Station) 改造而来，发电厂建于 1947 年至 1963 年之间，停业于 1981 年，由著名的建筑师贾莱斯·吉尔伯特·斯科特爵士（Sir Giles Gilbert Scott）设计，而改建工程则是由瑞士建筑师雅克·赫尔佐格（Jacqes Herzog）和皮埃尔·德·梅隆（Pierre de Meuron）设计，于 2000 年 5 月开馆，它位于泰晤士河南岸，与圣保罗大教堂隔岸相望，由横跨泰晤士河的千禧桥将它们连接。泰特现代美术馆与法国巴黎的蓬皮杜艺术中心和美国纽约现代艺术博物馆被视为三大现代艺术博物馆。

网址：http://www.tate.org.uk/visit/tate-modern

16. 古根海姆美术馆
Solomon R. Guggenheim Museum

所罗门·R.古根海姆（Solomon R. Guggenheim）基金会所辖的美术馆有两个总馆：纽约所罗门·R.古根海姆美术馆和意大利威尼斯的贝姬·古根海姆（Peggy Guggenheim）美术馆，而其他的分馆都是后发展起来的。所罗门·R.古根海姆（Solomon R. Guggenheim），生于19世纪的美国一个十分有影响力的、靠煤矿工业积累财富的家族，而贝姬·古根海姆是他的侄女，两人都热衷于收藏现代艺术。1937年，所罗门·R.古根海姆成立了古根海姆美术馆，并在1943年选择了著名的美国建筑师赖特负责设计建造，但由于当时的经济原因，直到1959年10月21日才正式建成对外开放。而在此之前，贝姬便在威尼斯购买了18世纪皇宫作为住宅和展示自己收藏的场所，并于1976年把她的艺术收藏以及容纳藏品的豪华住宅作为遗产赠送给纽约古根海姆，成为所罗门·R.古根海姆基金会完整的一部分。之后的古根海姆美术馆更是彰显了其"全球发展战略"，1997年，通过毕尔巴鄂古根海姆（Guggenheim Museum Bilbao）基金会、德国柏林古根海姆（Deutche Guggenheim Berlin）基金会，增加整个机构的国际场馆。在2000年7月，古根海姆与俄罗斯圣彼得堡爱尔米塔什国家博物馆（State Hermitage Museum）的合作，进一步扩展了其无界限博物馆的主张。在2001年1月，古根海姆和爱尔米塔什博物馆迎来了另一个庞大的机构加入他们的合作：奥地利维也纳艺术史博物馆（Kunsthistorisches）。在阿布扎比建设的古根海姆美术馆也即将竣工。

网址：http://www.guggenheim.org/

17. 雅典卫城博物馆
Acropolis Museum

15世纪中期，奥斯曼帝国占领了君士坦丁堡，历时千年的东罗马帝国灭亡，作为东罗马帝国的一部分，古希腊也陷入了土耳其人的统治。奥斯曼帝国将雅典卫城作为驻军所在，雅典卫城的山门被转变为供给军需品和火药的地点，但直到17世纪中期，雅典卫城最重要的遗迹仍基本保持完整。1687年9月26日深夜，威尼斯军队射出的一枚炮弹击中帕特农神庙，同时点燃了神庙储存的火药库，许多建筑构件被炸到空中，散落在卫城周围的山上，曾经雄伟恢宏的神庙遭到致命打击，仅残存两端的山形墙。18世纪中叶，随着奥斯曼帝国的衰落，越来越多疯狂追捧古希腊文化的欧洲游客来到雅典卫城，把一些古老的文物作为纪念品带走。等到19世纪英国派驻君士坦丁堡大使

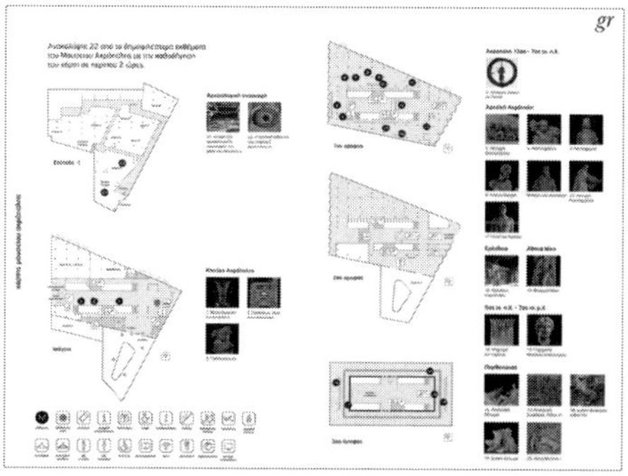

雅典卫城博物馆平面图

时，发生了有组织的抢劫事件。1833 年，土耳其驻军彻底从雅典卫城撤出。1834 年，新成立的希腊政府宣布雅典卫城为考古遗址，之后组织收集和保存散落在岩石上的文物。政府开始搜索合适的位置，最终决定于 1863 年在帕特农神庙东南的一个地面空洞里建博物馆。卫城博物馆兴建于 1865 年，于 1874 年完工，收藏了雅典卫城第一次挖掘的文物。然而，该博物馆很快被证明不足以容纳后期大规模、持续的考古新发现，于是 1888 年紧邻着原有的建筑物兴建了博物馆第二栋建筑。1979 年，为了避免长期暴露在室外而受到各种摧残，神殿的女像柱被移到博物馆内（现在伊瑞可提翁神庙户外的女像柱为复制品），而博物馆空间不足的问题再次出现，于是希腊政府决定建造一座新的卫城博物馆。为了打造新的卫城博物馆，希腊政府先后共举行了四次建筑设计竞赛，由瑞士建筑师伯纳德·屈米（Bernard Tschumi）和他的希腊合作者迈克尔·菲迪亚迪斯（Michael Photiades）在 2000 年赢得了最终胜利。屈米的设计围绕着三个概念：光线、运动、构造规划元素。这些特征结合在一起，“将场地的限制变成了一个建筑机会，提供了一个简单而精确的博物馆”，屈米的设计尽量采用简洁的水平线，延续了古希腊建筑在数学和概念上极具清晰性的传统，让参观者的注意力集中在非凡的艺术作品上。新的卫城博物馆位于帕特农神庙东南方向 300 米处，总占地面积 25000 平方米，展览面积超过 14000 平方米，大约是旧博物馆的十倍。它的入口毗邻迪奥尼所乌·阿尼帕吉托（Dionysiou Areopagitou）人行道的起点，该条人行道将雅典卫城与其他重要的考古遗址连接起来，博物馆顶层是帕特农展厅，在这里人们可以遍览古典卫城和现代雅典的全部景观。

网址：www.theacropolismuseum.gr

图书在版编目（CIP）数据

美术馆藏品长期陈列研究 / 任哲著 . — 北京 : 知识产权出版社，2023.6
（中国美术馆创作与研究丛书）
ISBN 978-7-5130-8810-7

Ⅰ . ①美… Ⅱ . ①任… Ⅲ . ①美术馆 – 藏品 – 陈列 – 研究 Ⅳ . ① G265

中国国家版本馆 CIP 数据核字 (2023) 第 117224 号

责任编辑： 田　姝
责任印制： 刘译文
装帧设计： 王学军

中国美术馆创作与研究丛书
主编　吴为山
美术馆藏品长期陈列研究
MEISHUGUAN CANGPIN CHANGQI CHENLIE YANJIU
任哲　著

出版发行： 知识产权出版社有限责任公司
电　　话： 010-82004826
社　　址： 北京市海淀区气象路 50 号院
责编电话： 010-82000860 转 8598
发行电话： 010-82000860 转 8101
印　　刷： 天津嘉恒印务有限公司
开　　本： 720mm×1000mm　1/16
版　　次： 2023 年 6 月第 1 版
字　　数： 150 千字
网　　址： http://www.ipph.cn
http: //www.laichushu.com
邮　　编： 100081
责编邮箱： tianshu@cnipr.com
发行传真： 010-82000893
经　　销： 新华书店、各大网上书店及相关专业书店
印　　张： 14
印　　次： 2023 年 6 月第 1 次印刷
定　　价： 68.00 元

ISBN 978-7-5130-8810-7
